일상 철학자를 위한
행복 수업

일러두기

- 한글 맞춤법 및 외래어 표기는 국립국어원의 원칙에 따랐습니다.
- 책 제목은 『 』, 논문 제목은 「 」, 미술 작품, 잡지 및 방송 프로그램 제목은 〈 〉로 표기했습니다.
- 본문에 게재된 미술 작품은 저작권 보호 기간이 만료된 자유 이용 저작물이며, 사진은 저자가 직접 찍은 것입니다.

일상 철학자를 위한
행복 수업

저마다의 색으로 완성하는 행복 심리

주리애 지음

학교
도서관
저널

| 프롤로그 |

행복에 대한 책을 쓰며

나는 행복이 결혼이랑 비슷하다고 생각한다. 결혼 상대자를 정하는 일이 낭만적인 개인의 선택이 된 것은 18세기 후반 이후의 일이다. 그 전까지는 가족이나 공동체에 의해 결혼이 결정되었고, 경제적인 이유나 정치적인 이유가 중요한 요인이었다. 산업혁명 이후에 모든 것이 변하기 시작했다. 개인의 감정이 중요해지고 남녀 간의 로맨틱한 사랑이 결혼의 중심점이 되었다. 결혼의 의미도, 결혼이 미치는 영향력도, 어쩌면 결혼이라는 개념도 모두 바뀐 것이다. 지금도 여전히 변화하고 있으니, 아마 다시 십수 년이 흐른 뒤에는 결혼 개념이 현재와도 많이 달라져 있을 것이다.

행복도 마찬가지다. 먹고사는 생존의 문제가 여전히 중심에 자리 잡던 때가 있었다. 그때 행복은 '잘살게 되면 행복해질 거야!'라는 가슴 부푼 구호 속에 존재했다. 그러다가 마침내 우리는 잘살게 되었다. 현재 우리나라 1인당 국민소득은 약 3만 6,000달러로, 전 세계의 인구 5,000만 명 이상 나라 중에서 여섯 번째로 높다.

    그런데 행복이 신기루였는지, 사람들이 꼭 행복해지지만은 않았다. OECD 회원국 중에서 자살률 1위라는 불명예가 우리를 서글프게 만든다. 조건부 행복에 관한 순진한 믿음을 배신당한 사람들은 행복을 부인하거나 혹은 행복을 본격적으로 공부하기 시작했다. 그 증거 중 하나가 쏟아져 나오는, 행복에 대한 담론이다. 홍수처럼 행복에 관한 책도 출판되었고, 행복에 이르는 다양한 방법이 소개되었다. 비판적인 시선으로 행복에 대한 환상을 경고하는 의견도 등장했다.

    이미 충분히 많은 행복 서적이 있는데, 여기에 하나 더 추가하는 것이 의미가 있을까 고민도 되었다. 그래서 최대한 내가 가진 성격 특성(감각형에 감정형이라서 아주 디테일하고 구체적인 것을 좋아하고, 논리적인 면은 부족하지만 따뜻한 것을 좋아한다.)을 활용해서 기여할 수 있는 부분을 만들어보기로 했다. 적어도 이 책을 위해 희생된 나무와 잉크와 시간이 헛되지 않도록 말이다.

    우선, 행복에 대해 기존의 이론들을 소개하되 지나치게 이론적인 면으로 기울지 않고 간략하게 핵심만 다루기로 했다. 필요하면 한두 문장, 혹은 한 단락 정도를 넘지 않는 선에서 소개하기로 했다. 만약 독자들이 그 주제나 이론을 찾아보고자 한다면 충분히 찾을 수 있도록 용어를 쓸 때 원어도 병기해서 분명하게 사용하였다.

    본문의 내용을 이미지로 전달해줄 수 있는 그림도 찾아 넣었다. 때로, 백만 마디의 말보다 한 장의 그림이 더 울림을 줄 수도 있으니,

고심해서 그림을 골랐다. 미술치료사로 일하면서 느꼈던 것인데, 직접 그림을 그리는 것만큼이나 감상하는 것도 의미가 있다. 나 역시 그림을 찾으면서 화가들이 했을 거라 상상되는 고민과 그들이 견뎠을 거라 짐작되는 시간을 떠올리며 사람은 참 비슷하다는 위로를 경험하곤 했다. 모쪼록 책의 독자들도 그렇게 연결되면 좋겠다.

내가 가진 생각과 아이디어, 교육현장과 임상현장에서의 경험을 글에 함께 녹여보려고 했다. 이 책에 새로운 아이디어가 실려 있다면, 그것은 대부분 내가 만났던 학생들과 내담자들(상담받는 사람들)과의 만남에서 시작된 것들이다.

책에서 되도록 구체적인 이야기를 하려고 노력했다. 행복이라는 약을 파는 약장사가 되려는 것이 아니다. 다만 분명 나아질 수 있는 마음의 상태라는 게 있고, 또 좋아지는 방법들도 존재한다. 여러 방법 중에서 독자에게 도움 되는 방법이 몇 개라도 있다면 더할 나위가 없겠다.

아, 혹시 책에서 가르치는 느낌이 든다면 그 부분은 그러려니 하고 봐주셨으면 좋겠다. 나는 상담할 때도 가끔 가르치는 역할을 맡곤 한다. 흰 고양이든 검은 고양이든 중요한 것은 쥐를 잡는 것이니 말이다.

1부에서는 행복의 정의를 소개한다. 행복의 어원과 여러 분야에서 말하는 행복이라는 개념을 역사적인 배경과 더불어 소개하고 본서에서의 정의도 안내하였다. 2부에서는 행복의 구성요소를 다룬다. 이 구성요소들은 여러 연구와 심리학 이론에서 나온 결과를 정리한 것인데, 각 장의 제목에서부터 핵심 주제를 전달하려고 했다. 3부는 행복의 특징으로, 시간과 속도, 공간과 영향력을 차례로 다룬다. 행복을 이모저모로 돌려가면서 생각하기 좋은 주제라고 생각하고, 내 나름대로 가장 공들여서 쓴 부분이기도 하다. 4부 행복 능력은 상담 전문가로서의 내 기억과 경험에서 출발한 내용이라 보아도 무방하다. 마지막으로 5부에서는 행복을 조율해 나가는 데 필요한 몇 가지 영역을 소개한다. 행복 능력 뒤에 이어지는 내용이 행복 조율이라서 마음이 조금 가벼워졌다. 왠지 능력이라 하면 무겁게 느껴지는데, 조율이라 하면 조금만 다듬으면 충분해질 거라는 기대 때문이다.

나는 행복이 북극성이라고 생각한다. 나침반이 없던 시절에는 표지판이자 안내자였고, GPS가 발달해서 위성망을 사용한 위치추적이 다 되는 오늘날에도 북극성은 여전히 빛나는 길라잡이 별이다. 그처럼 행복은 우리의 삶이 나아갈 항로와 방향을 가리킨다. 그 과정에서 경험하는 모든 순간은 점묘법으로 표현하는 그림의 점들 하나하나가 될 것이다. 그렇게 완성하는 그림은 행복이라는 이름을 다양한 버전으로 묘사한 각자의 걸작이길 소원한다.

| 차례 |

프롤로그
행복에 대한 책을 쓰며　4

1부　행복의 정의
1. 행복이란 무엇인가　13
2. 행복에 대한 다양한 가르침　22
3. 행복의 다원성, 다양성　35

2부　행복의 구성요소
1. 건강한 몸　49
2. 안정적 감정　59
3. 균형 잡힌 생각　68
4. 주고 받으며 나누는 관계　77
5. 성취와 일　88

3부　행복의 특징
1. 행복의 시간　101
2. 행복의 속도　110
3. 행복의 공간　119
4. 행복의 영향력　129

4부   행복 능력

1. 마음의 사용   139
2. 환경의 해석   152
3. 타고난 성격   163
4. 생각 줄이기   173
5. 운동 늘리기   184

5부   행복 조율

1. 습관과 행복   195
2. 여가와 행복   205
3. 예술과 행복   214
4. 배움과 행복   223
5. 지속가능한 행복   231

찾아보기

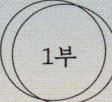

행복의 정의

*

정의를 내리는 것은 그것과 깊은 관계를 맺기 시작한다는 일종의 신호다.
우리는 정의를 알고 나면 그 대상에게 크게 한 걸음 다가서게 된다.
막연하게 알고 있다는 느낌이 걷히고, 어떤 부분을 잘 몰랐는지
눈에 들어오기 시작하는데 그때가 진짜 앎이 시작되는 순간이다.
1부에서는 행복의 사전적인 정의와 더불어 철학과 심리학, 경제학에서 바라보는 행복을 소개한다.
그리고 각 사람에게 행복이 다른 의미로 자리 잡을 수 있는
다원성과 다양성에 대해 생각해보고자 한다.

1
행복이란 무엇인가

행복을 색깔로 묘사하면 하늘색과 비슷하다.

하늘색이라는 하나의 단어가 있지만, 그것이 가리키는 색깔의 스펙트럼은 폭이 매우 넓다. 맑은 날의 하늘색과 흐린 날의 하늘색, 일출과 일몰, 낮과 밤의 하늘색은 각각 다르다. 그래서 실제 하늘색은 옅은 파랑부터 짙은 파랑, 검정, 노랑이나 주황, 붉은색, 흰색과 회색에 이르기까지 다양하다. 어쩌면 색이라고 부를 수 있는 모든 색을 다 포함하는 것이 하늘의 색이다.

행복도 그러하다. 행복이라는 단어는 너무 큰 개념이다. 같은 단어를 쓰고 있지만 사람들은 서로 다른 심리적 상태로 행복을 말하고 있을지 모른다. 어떤 사람은 흥분되고 유쾌한 감정을 행복이라 부르고, 다른 사람은 잔잔하고 평온한 상태를 행복이라 부른다. 행복이라는 단어는 하나지만, 그 개념의 내용은 사람마다 사회마다, 그리고 시대마다 문화마다 다르게 정의되고 묘사된다.

단어가 가리키는 범위가 넓으면 넓을수록, 뭔가를 구체적으로 묘사하거나 설명하기에 아쉬울 때가 있다. 그래서 그보다 더 좁고 구체적이며 특정한 상태를 기술하는 단어를 쓰게 된다. 이를테면, 행복하다는 말 대신 그때그때의 경험에 따라서 '감사하다', '홀가분하다', '마치 생애 처음 경험하는 것처럼 감동적이다', '정말 좋다' 같은 말을 쓸 수 있다. 그리고 그 각각의 말들을 다른 말로 표현한다면, 모두 '행복하다'로 바꿔 쓸 수 있다.

행복이라는 말은 하나의 큰 우산과 같아서, 여러 종류의 상태를 표현하는 단어를 모두 포괄한다. 행복의 다양성을 인정하면, 다른 사람과의 비교로부터 자유로워질 수 있다. 행복이 같은 평면 위에 있지 않고 서로 다른 차원의 평면에 다양하게 존재하게 되니까 말이다. 비교의 개념이 아닌 것이다. 그러나 우리가 한 가지 차원의 행복에만 한정해서 바라본다면 비교가 따라오기 쉽다. 예를 들어 물건의 소유에서 오는 행복만을 생각할 때는, 남들과의 비교우위로 행복하거나 반대로 불행하다고 느끼는 것처럼 말이다.

행복에 대한 질문

행복에 대해 흔히 '나는 행복한가?'라는 질문을 한다. 그런데 사실 이렇게 질문하면 '그렇다, 행복하다'라고 답변하기가 쉽지 않다. 행복한 것과 아닌 것 두 가지로 상태를 분류하면, 갑자기 행복에 대한 기준선이 휙 올라가기 때문이다. 꽤 괜찮은 상태였음에도, 이 정도로 행복하다고 판단할 수 있을지 자신이 없어지기 마련이다. 그래서 '행복한가?'라고 질문하기보다는 '나는 어떤 때에 행복을 느꼈는가?'라고 질문하는 것이 낫다.

우리는 누구나 살아가면서 크고 작은 다양한 종류의 행복을 느낀다. 행복은 절대적인 하나가 존재하는 것이 아니라 개별적인 다수로 존재하기 때문이다. 어떤 때에 행복을 느꼈는가? 그 행복의 느낌은 무엇이었는가? 하나씩 찾아가 보자.

행복에 거는 기대와 오해

'이렇게 하면 행복할 거야.'라고 믿으며, 어떤 일을 성취하기 위해 노력했던 기억이 있는가? 혹은 목표를 이루었지만 기대만큼 오랫동안 행복하지 않았던 경험이 있는가?

우리는 행복을 떠올릴 때, 미래에 다가올 행복을 생각한다. 미래의 특정 조건과 상황이 행복을 보증해줄 것처럼 보이기 때문이다.

- 이렇게 하면 행복할 거야.
- 내가 저것만 가지면, 이것만 성취한다면, 이 조건만 만족을 시킨다면, 이렇게 될 수만 있다면 그러면 나는 행복할 거야.

예를 들어, 입시경쟁이 심한 우리나라에서는 좋은 대학에 입학한

에밀 베르나르Émile Bernard, 〈두 명의 브르타뉴[1] 소녀가 있는 풍경Landscape with two Breton girls〉(1892)

그림 속 두 소녀는 무슨 이야기를 나누고 있을까. 다가오지 않은 미래의 설렘과 두려움을 말할까. 오늘 하루의 일상에서 만났던 예쁜 풍경, 아니면 며칠 전 다녀간, 생말로에서 온 어떤 신사에 대해 이야기할까. 평화로운 풍경은 그 자체로 행복의 느낌인데, 일상에서 늘 겪는 그 평화로움은 이들에게 행복으로 다가올까.

다면 행복해질 것이라고 믿는다든가, 경시대회, 콩쿠르, 운동경기 등 각종 경쟁에서 이기고 우승하면 당연히 행복할 것이라고 기대한다. 맞다. 행복해진다. 그런데 그 행복이 오래가지는 않는다. 어쩌면, 우승을 차지한 그날 밤 잠자리에 들려고 했을 때 이미 허탈한 느낌이나 공허감이 더 커질 수 있다.

결혼은 어떠한가? 사랑하는 사람과 결혼한다면 오래도록 길게 행복할 것이라 믿는다. 그런 면도 있지만, 삶이 계속되는 만큼 행복 외에 다른 경험도 매우 많이 하게 된다. 이런 모든 예는, 목표를 추구하고 성취하는 것이 행복과 동일하지 않다는 깨달음을 얻게 해준다. 그렇다면 과연 행복이란 무엇일까? 그냥 감정인가? 즐거움인가? 고통의 부재를 행복이라고 할 수 있는가?

행복의 어원

우리말 '행복'은 한자어인데 '다행할 행幸'과 '복 복福'으로 구성되어 있다. '다행'이란, 좋은 운수나 운명, 혹은 좋은 일이 일어나는 것을 뜻한다. '복'은 고대 중국에서 풍요와 번영을 상징하는 뜻으로 사용되었고, 좋은 일이 일어나기를 바라는 의미를 담고 있다. 행과 복, 두 글자에 모두 행운이라는 의미가 담겨 있으니, 단어의 뜻은 '좋은 운수나 행운으로 인한 기쁨과 만족'이 된다.

1 브르타뉴는 프랑스의 서쪽 끝 지방이라서, 프랑스 내에서도 교류가 좀 적은 편이고 자신들만의 독특한 문화가 있는 곳이라 한다. 우리나라 파리 여행객들이 종종 찾는 몽생미셸 수도원에서 서쪽으로 조금 더 가면 브르타뉴 지방이다.

영어 'happiness'는 중세 영어 단어 'hap'에서 유래했다. hap도 한자 행복과 비슷하게 '행운', '우연'의 뜻을 가지고 있다. hap의 기원을 더 거슬러 올라가면 고대 스칸디나비아어인 'happ'인데, happ 역시 행운, 우연을 의미한다.

이와 같이 행복이라는 말의 어원에는 행운이라는 의미가 강하다. 즉, 어떤 일의 결과가 내 손에 달린 것이 아니라 외부에 있다는 뜻이다. 원인과 결과의 관계가 나에게는 분명하지 않으니, 우연이라고 말할 수밖에 없다. 그런데 그 결과가 내게는 사뭇 좋은 것이라서 왠지 횡재한 기분이 드는 것, 그것을 행운이라고 불렀고 그 단어가 오늘날의 행복이란 단어의 시작이다. 그러다가 시간이 지나면서 '행복'은 기쁨과 만족함의 상태를 가리키는 것으로 변화되었다.

행복과 행운

그렇다면 행복과 행운을 비교해 보자. 두 단어는 비슷하게 보이지만 다른 개념이다. 행복에는 노력이 깃들어 있고, 행운은 노력이 없거나 비중이 작다. 행운이 꼭 행복으로 귀결되지도 않는다. 행복은 개인의 내적 경험과 생활 방식에 따라 달라질 수 있으며, 장기적으로 지속될 수 있는 감정이다. 그에 비해 행운은 우연이나 운에 의해 좋은 결과가 발생하는 것으로 예측할 수 없다는 것이 가장 두드러진 차이점이다. 행운은 일시적이고 외부적인 사건이다. 요약하면, 행복과 행운은 원인, 통제, 지속성, 노력이라는 측면에서 차이가 난다.

행운의 비교

분류	행복	행운
원인	개인이 스스로 만들어 낼 수 있는 감정이다.	외부적인 원인에 의해 만들어지며, '우연'에 의한 것일 때가 많다.
통제	생각과 태도, 선택 등에 따라 영향을 받으므로, 어느 정도 통제 가능하다.	통제할 수 없는 외부적 요인에 의해 결정된다.
지속성	일상의 만족이나 삶의 질과 관련된 장기적인 상태가 될 수 있다. 일관된 노력과 자기 계발을 통해 유지되거나 증가한다.	일시적이고 순간적인 것으로, 지속성이 없으며 변덕스러울 수 있다.
개인적 노력	행복을 느끼기 위해서는 개인적인 노력과 자기 성찰이 필요하다. 긍정적인 사고, 감사의 태도, 건강한 관계 등을 통해 행복을 추구할 수 있다.	행운은 주로 우연에 기반하므로 개인의 노력이 영향을 주지 않는다. 일반적으로 아무리 노력해도 결과에 영향을 줄 수 없는 경우가 많다.

행복의 정의

국어사전에서 행복의 정의를 찾아보자. 국립국어원의 표준국어대사전에서는 행복의 의미를 두 가지로 소개한다.

1. 복된 좋은 운수.
2. 생활에서 충분한 만족과 기쁨을 느끼어 흐뭇함. 또는 그러한 상태.

고려대 한국어대사전에서 행복은 국립국어원의 정의와 거의 동일한데 순서를 바꿔서 후자인 2번을 먼저 소개하며, 만족과 기쁨 중에서 기쁨을 먼저 언급하고 있다.

1. 생활에서 기쁨과 만족을 느껴 흐뭇한 상태.
2. 복된 좋은 운수.

그리고 행복과 유사한 단어로는 행우, 행, 휴복休福이 있고, 매우 큰 행복을 뜻하는 '천행만복千幸萬福', 더없는 행복을 가리키는 '지복至福'과 행복한 삶을 뜻하는 '지복祉福'도 있다.

영어 happiness를 옥스퍼드 영어 사전에서 찾아보면 다음과 같은 정의를 제시한다.[2]

행복: 마음의 즐거운 만족 상태; 자신의 상황에 대한 깊은 기쁨이나 만족.
The state of pleasurable contentment of mind; deep pleasure in or contentment with one's circumstances.

더 자세한 결과를 살펴보기 위해 제시된 정의 아래 '항목 보기view entry'를 누르면 행복에 대한 다섯 개의 정의가 나온다. 그중 첫 번째는 좋은 운수, 행운이라는 뜻이며, 현재는 이러한 뜻으로 잘 사용하지 않는다는 부연 설명이 있다.

이와 같은 여러 사전의 정의를 토대로 행복을 이해하면, 행복이란 **'삶에서 기쁨과 만족을 느끼는 상태'**를 말한다. 기쁨은 행복에서 감정적인 측면, 정서적인 영역에 해당하고, 만족은 행복의 평가적인 측

---

[2] 출처: Oxford English Dictionary, https://doi.org/10.1093/OED/5164185719.

면, 인지적인 영역에 해당한다. 행복은 정서와 인지, 모두가 작용하는 복합적인 상태다. 기쁨에는 즐거움이나 유쾌함, 평온함 등이 포함될 수 있고, 만족에는 의미와 가치가 내포될 수 있다. 그리고 기쁨과 만족의 교집합 혹은 언저리 어딘가에는 성취라든가 재미, 홀가분함과 같은 요소도 있을 것이다.

일반적으로 심리학자들은 행복의 사전적 정의에 한 가지 요소를 더 추가하는데, '부정적인 정서를 적게 경험하는 것'까지 포함해서 행복을 이야기한다. 앞으로 2부에서 설명하겠지만, 부정적 정서도 피할 수 없는 삶의 한 부분이며 긍정적 정서와는 별개의 감정이다. 그래서 심리학자들은 행복을 정의할 때 '긍정 정서를 자주 경험하고 부정 정서를 적게 경험하며 삶에 대해 만족을 느끼는 상태'라고 설명한다.

행복에 대한 다양한 가르침

행복에 대한 가르침을 철학, 심리학, 경제학 분야에서 찾아보자. 먼저 철학이다.

철학자들이 말하는 행복

철학자들에게 행복은 지향해야 하는 이상향으로 정의된다. 고대 그리스와 로마 철학 시대에는 행복이라는 단어가 없었다. 그래서 철학자마다 자신이 지향하는 이상향을 기술했다. 이들 이상향은 삶의 목표이자 최고의 상태로 인식되는데, 아리스토텔레스의 유대모니아 eudaimonia, 에피쿠로스의 아타락시아 ataraxia, 스토아학파의 아파테이아 apatheia는 오늘날의 행복과 견주어볼 만한 개념이다.

1. 아리스토텔레스 Aristotle

아리스토텔레스가 이상적이라고 생각한 유대모니아는 오늘날의 행복 개념에 가까운데, 이는 '잘 사는 상태', '번창하고 성장하는 상태'를 의미한다. 유대모니아는 단순한 즐거움이나 기쁨 이상의 것을 요구[3]하는데, 특히 도덕적인 탁월함을 필요로 한다. 그래서 아리스토텔레스의 행복은 인간 존재로서 도달 가능한 최선의 상태라고 정의할 수 있다. 개인적인 성취에 있어서나 도덕적인 면에 있어서, 그리고 이성에 따르는 삶에 있어서 최고의 능력을 발휘하여 미덕을 실천하는 삶이 유대모니아이다.

이 행복의 구성요소는 크게 다섯 가지를 들 수 있는데, 도덕적 덕성, 이성적 활동, 자아실현, 오랜 시간의 수행, 사회적 관계 등이다. 도덕적 덕성에는 용기와 절제, 정의, 지혜가 요구된다. 이러한 덕성은 일종의 습관인데, 이러한 습관이 있어야 이성에 따라 행동하고 양극단 사이에서 중용을 발견할 수 있다. 이성rationality은 매우 중요한 부분이다. 아리스토텔레스는 인간에게 있는 최고의 '선'이 바로 덕성에 일치하는 이성적 활동이라고 보았다. 자아실현은 개인의 잠재력을 꽃피우는 것이며 진정한 본성과 능력을 실현하는 것이므로 삶의 의미와 목적을 가지도록 도와준다. 오랜 시간의 수행은 지속적이고 장기적으로 자신의 삶을 가꾸어가는 것을 말한다. 마지막으로 사회적 관계는 지역사회와 대인관계의 중요성을 의미하는데, 공공의 선을 위해 기여하는 것이 행복한 삶의 구성요소라고 보았다.

---

[3] 즐거움이나 쾌락에 초점을 맞춘 상태는 헤도니아hedonia다. 헤도니아는 쾌락과 기쁨 외에도 고통의 부재로 설명된다. 즉각적인 만족과 긍정적인 감정을 추구한다.

2. 에피쿠로스 Epicouros

에피쿠로스는 행복을 '정신적인 쾌락'이라고 보았고, 영혼이 동요하지 않는 상태인 아타락시아에 이르게 되면 행복한 삶을 사는 것이라고 했다. 아타락시아는 쉽사리 동요하지 않으며 평온하고 고요한 마음의 상태로 정신적인 고통이나 근심, 불안이 없고 참된 평화를 느끼는 것이다.

3. 스토아학파 the Stoics

고대 로마의 스토아 철학자들은 행복을 정신의 평온, 아파테이아로 보았다. 아파테이아는 비합리적 열정이나 정서적 문제로부터 자유롭고 외부 상황에 흔들리지 않으며 자신의 내면적 능력을 통해 도덕적으로 올바른 삶을 사는 것이다.

4. 이마누엘 칸트 Immanuel Kant

근대 독일 철학자인 칸트에게 행복이란 감정이나 쾌락이 아니다. 의무와 도덕적 법칙을 따르는 것이 참된 행복이며, 주관적인 상태라기보다는 의무를 수행하는 과정에서 생기는 만족감이다.

5. 존 스튜어트 밀 John Stuart Mill

영국의 철학자이면서 경제학자이자 정치인이기도 했던 밀은 공리주의의 관점에서 행복을 바라보았다. 행복은 쾌락을 증가시키고 고통은 감소된 상태이다. 사회 전체의 행복을 추구하는 공리주의의 아이디어는 '최대 다수의 최대 행복'이라는 제러미 벤담 Jeremy Bentham

의 표현에서 가장 잘 드러난다. 밀은 거기에서 한발 더 나아가 즐거움에도 질적인 차이가 있을 수 있음을 강조했다.

6. 프리드리히 니체 Friedrich Nietzsche

니체는 쾌락보다는 의미에 중점을 두었다. 니체는 삶의 고통과 투쟁을 기본적인 것으로 바라보았고, 그것을 극복하는 경험을 통해 자신만의 가치를 창조하고, 진정한 만족과 행복을 찾을 수 있다고 했다.

7. 공자 孔子

공자는 도덕적이고 윤리적인 삶의 실천을 통해 행복에 이른다고 보았다. 인仁, 의義, 예禮와 같은 덕목을 통해 조화로운 사회를 만들고 개인적인 만족을 달성할 수 있다.

8. 노자 老子

노자는 자연과의 조화를 중시하며 무위자연(無爲自然, 인위적인 노력을 하지 않고 자연의 이치에 따르는 것)을 통해 행복을 찾을 수 있다고 보았다. 욕망을 줄이고 내면의 자유와 평화를 추구하는 것을 중요시했다.

심리학자들이 말하는 행복

역사를 살펴보면, 심리학에서 학문적으로 행복을 다루기 시작한 시기는 대략 1950년대부터다. 워너 윌슨Warner Wilson 교수는 「공언된 행복의 상관관계Correlates of Avowed Happiness, 1967」라는 논문에서 그때까지 행복에 대해 이루어진 심리학 연구를 리뷰하고 결과를 정리했다. 결론에서 높은 수준의 행복을 보고한 사람들의 특징을 정리했는데, 이들은 젊고 건강하며 고등 교육을 받았고 수입이 높으며 외향적이고 낙관적이며 걱정을 잘 하지 않고 종교가 있으며 기혼자였다. 그 외에 자존감이 높고 직업윤리를 가지고 있으며 적당한 수준의 야망도 가지고 있었다. 성별의 차이나 지능의 차이는 별로 나타나지 않았다. 이 논문은 1967년도에 출간되었는데, 그가 개관한 논문과 연구 자료는 1930년대부터 1960년대 초반의 자료였다.

이후의 심리학 연구에서는 나이, 성별, 교육 수준, 종교, 결혼 여부 등의 인구통계학적인 요인이나 지능 같은 객관적 속성으로 그 사람이 어느 만큼 행복한지를 밝히려는 시도는 기대만큼 성공적이지 않았다는 점이 부각되었다. 그러면서 행복에 대한 설정값 이론(set point theory, 기준점 이론이라고도 한다.)이 나왔다. 사람마다 행복에 대해 유전적으로 설정된 값이 있어서 어떤 사람들은 좀 더 쉽게 행복을 느끼고 다른 사람들은 덜 그렇다는 것이다. 설정값 이론은 쌍생아를 대상으로 행복 지수를 조사한 결과를 바탕으로 제안되었고 이후 유전적 영향이 강한 성격 특성이 행복과 관련성이 높다는 결과로 지지되었다.

한편, 행복은 개인이 경험하는 주관적 상태라는 점이 설득력 있게 등장했다. 그것이 바로 에드 디너Ed Diener 교수가 제안한 '주관적 안녕감subjective well-being'이다. 디너는 행복을 조작적으로 정의[4]하고 측정하는 방법론으로서 주관적 안녕감이라는 개념을 제안했다. 주관적 안녕감은 기본적으로 개인이 자신의 잘 지내는 정도에 대해 삶의 만족도, 긍정적 정서, 부정적 정서를 중심으로 스스로 평가하는 것이다. 이후의 심리학 분야에서 행복 연구는 주관적 안녕감을 토대로 광범위하게 진행되었다.

1990년대 말에 마틴 셀리그먼 Martin Seligman을 중심으로 긍정 심리학이 출발하면서 행복에 대한 학문적 연구는 더욱 풍성해졌다. 긍정 심리학이 나오기 이전의 심리학이 병리적인 부분에 초점을 맞추고 불안, 우울, 스트레스, 정신질환 등에 비중을 뒀다면, 긍정 심리학은 인간의 장점, 미덕, 긍정적 경험에 초점을 맞추며 최상의 삶의 질에 비중을 둔다.

앞서 설정값 이론은 행복을 추구하는 것을 비관적으로 바라보는 경향이 있다. 그래서 이에 반발하며 나온 것이 지속가능한 행복 모델 the sustainable happiness model이다. 이 모델에서는 행복이 설정값 외에 의도적이고 의지적인 활동 그리고 상황에 의해 결정된다고 설명한다.

1. 에드 디너 Ed Diener

에드 디너는 개인의 행복을 이해하기 위해 세 가지 요인(삶의 만족도, 긍정적 정서, 부정적 정서)으로 이루어진 주관적 안녕감이라는 개념을 정립하였다. 삶에 대한 만족감과 긍정적인 정서를 자주(빈도), 강하게(강도) 느끼고, 부정적 정서는 그보다 약하게 느끼거나 가끔씩만 경험해야 행복한 상태라고 할 수 있다. 따라서 주관적 안녕감은

---

4 조작적 정의 operational definition는 어떤 개념을 측정할 수 있는 방식으로 정의하는 것이다. 해당 개념을 재는 자료를 모을 때 어떤 절차와 행위, 과정을 사용하는지 구체적으로 명시하며, 측정된 개념은 수치화된 값으로 나타낸다.

자신의 삶에 대해 인지적인 평가와 정서적인 평가를 복합적으로 내리는 것이다.

2. 마틴 셀리그먼 Martin Seligman

마틴 셀리그먼은 미국 심리학회장(1998년 재임)으로 일하면서 긍정 심리학 개념을 출발시킨 대표적인 심리학자다. 긍정 심리학 분야에서 행복과 관련하여 감사, 용서, 낙관주의, 마음 챙김 등에 대한 연구가 활발히 이루어졌다. 셀리그먼은 행복을 다섯 가지 요인으로 설명한다. 각 요인의 앞 글자를 따서 PERMA 모델이라 부르는 행복 모델의 구성요소는 다음과 같다.

P Positive Emotion 긍정적 감정
E Engagement 몰입[5]
R Relationships 관계
M Meaning 의미
A Accomplishment 성취

3. 미하이 칙센트미하이 Mihaly Csikszentmihalyi

미하이 칙센트미하이는 '몰입flow' 개념을 통해 행복을 설명한다. 몰입은 사람들이 자신이 하는 일에 완전히 빠져들어 시간이 어떻게 가는 줄도 모르고 집중하는 상태다. 이러한 몰입 상태를 경험할 때

---

[5] 칙센트미하이의 'flow'가 몰입으로 널리 알려져 있는데, 마틴 셀리그먼의 'engagement'도 몰입으로 번역하는 것이 내용상 가장 가까운 번역이다.

사람들은 자신의 잠재력을 최대한 발휘할 수 있고 큰 만족과 행복을 느낀다.

4. 존 가트먼 John Gottman

존 가트먼은 주로 관계 내의 행복에 초점을 맞추며, 성공적인 대인 관계가 개인의 행복에 중요하다고 보았다. 그는 부부의 상호작용을 연구하여 행복한 결혼 생활을 유지하는 요인들을 밝혔다.

5. 소냐 류브미르스키 Sonja Lyubomirsky

소냐 류브미르스키는 지속가능한 행복 모델을 창안하였다. 이 모델에서 행복은 유전적 요인 50%, 의지적 활동 요인 40%, 상황적 요인 10%로 결정된다. 유전적 요인은 행복 설정값 또는 기준점으로 불리는 고정 수준을 말한다. 의지적 활동은 개인이 선택하고 의지를 발휘하는 모든 생각과 행동을 의미한다. 상황 요인은 삶의 배경이 되는 여러 가지 조건들인데, 성별이나 인종, 결혼 여부, 교육 수준, 건강 등

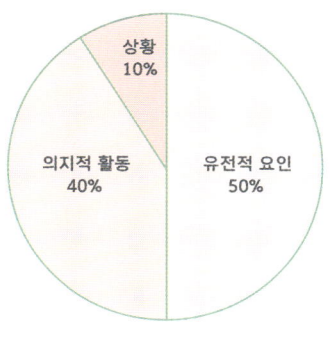

행복을 결정하는 요인

과 같은 인구통계학적 요인도 포함되고 수입 수준이나 외모, 거주지역 등과 같은 요소가 모두 포함된다. 유전적 요인은 변화시키거나 통제하기가 어렵지만, 상황과 의지적 활동은 통제 가능한 요인으로 분류된다. 그런데 상황 요인을 변화시키더라도 행복에 영향을 줄 수 있는 정도는 10%에 불과하다는 점은 놀라운 발견이다. 그리고 류브미르스키 이전의 행복 비관주의자들은 유전적 요인의 비중을 훨씬 더 크게 봤는데, 류브미르스키는 이를 50%로 낮추며 개인의 의지에 힘을 실어주었다.

경제학자들이 말하는 행복

경제학에서는 개인의 주관적 행복보다는 효용utility과 복지welfare의 개념으로 행복을 다룬다. 그래서 소득, 고용 상태, 건강, 교육, 주거 환경, 사회적 관계, 여가 시간 등을 행복에 기여하는 요인으로 분석한다. 최근에는 행복 경제학Happiness Economics이 연구되기 시작했는데, 행복 경제학은 전통적인 경제학에서 다루는 물질적 부와 소비의 만족도 외에 삶의 질, 심리적 만족도, 사회적 관계 등 비물질적 요소를 포함하여 경제적 복지를 연구하는 분야이다. 전통적인 경제 지표인 국내총생산GDP과 같은 개념으로는 개인이 경험하는 행복을 설명할 수 없기 때문에 더 포괄적이고 다차원적인 복지 지표를 개발하고 행복을 측정한다.

피에르 오귀스트 르누아르Pierre-Auguste Renoir, 〈물랭 드 라 갈레트의 무도회Bal du Moulin de la Galette, Montmartre〉(1876)

'어디서 오셨어요?' '파리는 처음이에요.' '빛나는 낭만 속으로 들어오신 것을 축하해요.' 마치 그들은 이런 대화를 나눌 것 같다. 사람들이 만나서 서로 웃고 즐거울 수 있다는 것을 이렇게까지 잘 묘사할 수 있나 싶게 르누아르의 작품은 그 자체로 행복하다. 몽마르트르 언덕의 한 댄스 홀에서 직접 그렸다는 이 그림에는 눈부신 햇살 아래 사람들의 들뜬 숨소리, 설렘을 숨기지 않는 표정과 빈틈없이 공간을 채우는 음악이 있다.

리처드 이스터린 Richard Easterlin

경제학에서 발견한 행복에 대한 사실 중 가장 유명한 것은 이스터린 역설 Easterlin Paradox 이다. 리처드 이스터린은 소득 증가가 일정 수준까지는 행복 증가에 기여하지만, 그 이후에는 더 이상 행복이 증가하지 않는다고 보고했다. 즉, 물질적인 부유함은 행복을 무한히 증가시키지 않는다는 것이다. 행복에 경제적인 번영이나 성취 외에 다른 삶의 요소가 필요하다는 것을 의미한다.

폴 새뮤얼슨 Paul Samuelson

폴 새뮤얼슨은 행복을 직접 정의하기보다는 경제학자답게 경제적 효용과 복지의 관점에서 간접적으로 다루었다. 효용은 자신에게 가장 큰 만족을 주는 상품과 서비스를 선택한다는 의미이며 개인의 만족이나 행복의 척도라고 할 수 있다. 복지의 차원에서 경제적 복지는 자원을 최적으로 분배해서 사회 전체의 효용을 높이는 것이라고 할 수 있다.

나라별 행복지수

세계의 나라별 행복을 비교해 본 대표적인 자료는 매년 발표되는 UN의 세계 행복 보고서 World Happiness Report 이다. UN의 보고서는 다양한 국가의 시민들이 자신의 행복을 어떻게 평가하는지에 대한 자료가 담겨 있다. 행복 수준을 평가하는 기준으로 사용된 지표는 소득, 건강, 기대 수명, 사회적 지원, 자유, 부패 인식 및 사회적 관대성 등이다.

세계 행복 보고서의 주요 발견은 다음과 같다. 대체로 북유럽 국가들이 상위권을 차지했고, 경제적으로 덜 발달한 나라나 정치적 문제, 사회 갈등이 있는 나라에서 행복 지수가 낮게 나타났다.

- 소득 수준 요인에서는 대체로 경제적으로 잘사는 나라, 소득 수준이 높은 나라에서 행복 점수가 높게 나타났다.
- 사회적 지원 요인에서는 개인주의보다 공동체 의식, 집단주의가 발달한 사회에서 사회적 지원에 대한 평가가 전반적인 행복지수에 크게 영향을 미쳤다. 가족과 친구, 지역사회 네트워크와 유대감이 높으면 개인의 행복도 높게 나타났다.
- 건강과 기대 수명 요인에서는 건강이 행복의 중요한 요소임을 확인할 수 있었다. 더 건강하고 기대수명도 높은 나라의 국민들이 더 높은 행복 점수를 보고했다.
- 자유 요인에서는 개인에게 선택의 자유가 있고 사회적 자유를 보장받는 국가에서 사람들은 더 행복하다고 느꼈다.
- 부패 인식 요인에서도 정치적, 경제적 부패가 적은 국가들이 통상적으로 더 높은 행복 점수를 보고했다.
- 관대성과 도덕성 요인도 중요한데, 관대하고 서로를 존중하는 문화에서 사람들은 더 행복하다고 보고했다.

2010년부터 2023년까지의 UN 행복 보고서에 나타난 1위~3위 국가는 다음 표에서 확인할 수 있다. 북유럽 스타일의 인테리어나 덴마크의 휘게[6]가 유행한 심리적 배경에는 이들의 높은 행복지수를 닮

---

6 휘게hygge는 행복함을 불러일으키는 편안함, 따뜻함, 쾌적하고 안락함을 뜻하는 단어다. 가족, 친구, 사랑하는 사람과 편안하고 좋은 시간을 보낼 때 느끼는 행복감을 주로 지칭한다.

고 싶은 마음이 작용했을 것이다.

UN 세계 행복 보고서(2010-2023)의 행복지수 상위 국가

연도	1위	2위	3위
2010	덴마크	핀란드	노르웨이
2011	덴마크	핀란드	노르웨이
2012	덴마크	노르웨이	스위스
2013	덴마크	노르웨이	스위스
2014	덴마크	스위스	아이슬란드
2015	스위스	아이슬란드	덴마크
2016	덴마크	스위스	아이슬란드
2017	노르웨이	덴마크	아이슬란드
2018	핀란드	덴마크	노르웨이
2019	핀란드	덴마크	스위스
2020	핀란드	덴마크	스위스
2021	핀란드	덴마크	스위스
2022	핀란드	덴마크	아이슬란드
2023	핀란드	덴마크	아이슬란드

3
행복의 다원성, 다양성

2024년 5월 기준으로 전 세계 인구는 약 81억 명을 기록했다. 이미 2022년에 80억 명을 넘어섰고, 인구 증가는 연간 약 0.9% 정도로 이루어지고 있다. 자, 이토록 많은 사람이 함께 살아가는 지구에서, 행복에 대한 정의와 경험은 얼마나 서로 다르며 다양할까.

행복은 사람마다 느끼는 종류가 다르다. 중요한 것은 자신에게 행복은 어떤 것이냐 하는 점이다. 모든 것을 다 가지고 다 누리는 행복은 없다. 그러므로 자신이 추구하는 행복이 어떤 것인지 잘 알아야 한다.

행복의 강도와 지속성 그리고 빈도

사람마다 느끼는 행복이 차이를 보이듯, 한 개인이 느끼는 행복도 다양할 수 있다. 행복의 강도와 지속성이라는 두 가지 변수를 고려하더라도 그렇다.

① 강도가 강하고 지속성이 짧은 행복
② 강도는 상대적으로 약하지만 보다 오래 지속되는 행복
③ 강도도 강하고 꾸준히 지속되는 행복

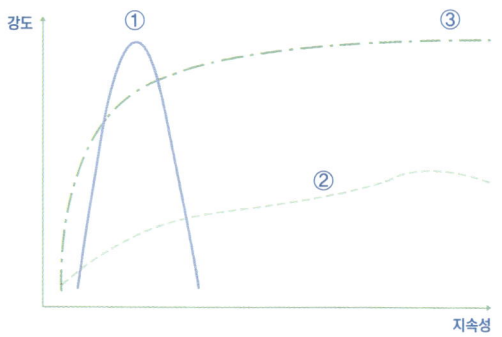

그림 1. 행복에 대한 순진한 기대

강도와 지속성에 대한 기대는 여러 가지 유형으로 나타날 수 있다. 그래프에서 ①번은 강도가 높고 지속성은 짧은데, 화끈하고 짜릿하며 강렬한 행복을 의미한다. 뛸 듯이 기쁘다는 감정의 행복은 여기에 해당한다. 강하게 느껴져야만 행복이고 소소하게 느껴지는 것은 행복이 아니라고 생각한다면, 강렬한 감정만 추구할 수 있다.

그래프에서 ②번은 강도는 약하더라도 오래 지속되는 행복이다. 변치 않는 영원한 상태로서 행복을 기대하는 것이다. 특정 조건을 달성하면 그 뒤로는 노력하지 않더라도 행복한 상태가 지속되겠지 기대한다면, 이룰 수 없는 영원함을 신기루 좇듯이 쫓아가는 셈이다.

그래프에서 ③번은 강렬하면서 영원히 지속되는 것을 기대하는 것이다. 두 가지를 모두 달성하기는 불가능에 가깝기 때문에 이렇게 기대한다면 불가능한 이상을 꿈꾼다고 할 수 있다.

행복은 감정 상태이면서 자기 삶에 대한 종합적이고 인지적인 평가다. 감정 상태라면 어떻게 길게 지속될 수 있겠는가. 감각과 감정은 변화할 때 느껴지는 것이기 때문에 대체로 지속시간이 길지 않다. 인지적인 평가로서의 행복은 상대적으로 길게 지속될 수 있지만 강렬하게 경험되지는 않는다. 따라서, 행복한 상태가 강하고 오래도록 지속되었으면 좋겠다는 기대는 행복에 대한 환상 섞인 기대라고 할 수 있다. 그러므로 강도와 지속성에 대한 기대는 조정할 필요가 있다. 원래 그렇게까지 강하지 않고 그렇게 길게 가지 않는다고 말이다.

행복에 대한 기대 그래프가 현실화되기 위해서 무엇보다 중요한 것은 '빈도'라는 변수를 첨가하는 것이다. 빈도는 강도나 지속성보다 행복에서 더 중요한 변수다.[7] 빈도를 첨가하면, 앞서 보았던 강도와 지속성에서 높이와 길이가 낮아지고 짧아지더라도 아주 괜찮은 행복 경험을 그릴 수 있다.

---

[7] 에드 디너는 행복을 구성하는 긍정적 정서 경험의 강도와 빈도를 중심으로 조사했고, 그 결과, 빈도가 전반적인 행복에 더 중요하다는 것을 밝혔다.

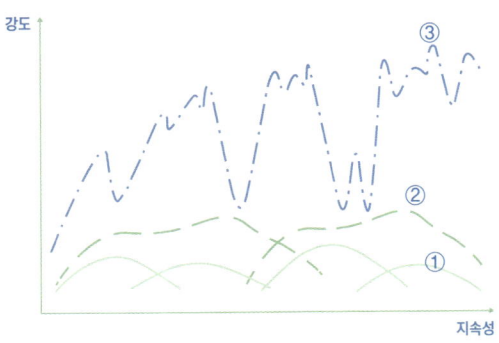

그림 2. 행복에 대해 조정된 기대

바뀐 두 번째 그래프를 보자. 그래프에서 ①번은 강도가 낮아졌지만 빈도가 증가되어 여러 번 반복해서 들어온다. 작고 소소한 행복이 될 것이다. ②번의 경우도 마찬가지다. 지속성이 짧아졌지만 빈도를 높여서 경험을 이어가도록 해준다. ③번은 행복에 대해 한 번씩 돌이켜보며 확인하는 느낌으로 지속성을 대체로 길게 유지하는 경우다. 행복의 기쁨이나 유쾌함 같은 정서적인 측면보다는 나의 삶이 의미 있고 만족스럽다고 평가하는 인지적인 측면을 보여준다고 할 수 있다.

만족감의 함정

감정으로서의 행복 경험은 대체로 지속 기간이 짧다. 감정이나 감각은 본질적으로 변화할 때 잘 느낄 수 있다. 변화하지 않고 유지되는 것은 경험에서 점차 소실된다. 그에 비해 '만족감'이라는 행복은 보다 길게 유지된다. 다만, 만족감에는 함정이 하나 있다. 내가 만족하는지를 아는 것은 인지적으로 평가하는 것이기 때문에 평가의 기준이 필요하다. 그 기준을 통과해야 만족스럽기 때문이다.

삶의 만족감을 평가하는 것도 마찬가지다. 목표했던 것이나 기대했던 것에 비해서 만족스러운지, 과거에 비해 만족스러운지, 아니면 다른 사람에 비해 만족스러운지 말이다. 행복은 타인과의 비교가 아닐 때 가장 확실하게 경험할 수 있는데, 삶의 만족감이라는 행복의 요소는 본질적으로 비교를 끌고 온다. 때로는 그 비교가 과거의 나 자신이라 하더라도 말이다.

올림픽 경기에서 메달을 수상한 사람들을 대상으로 행복감을 어느 만큼 느끼는지 알아본 심리학 연구가 있다. 금메달을 딴 사람은 당연히 행복하다고 했고, 은메달과 동메달 수상자들도 행복해했다. 그런데 은메달을 받은 사람보다 동메달을 받은 사람이 더 행복해했다. 왜 그럴까?

은메달을 받은 사람은 자신이 조금만 더 잘했으면 금메달이었을 텐데, 하고 아쉬워하며 금메달 수상자와 자신을 은연중에 비교했다. 그에 비해 동메달 수상자는 자칫 잘못했으면 4위로 아무 메달도 받지 못했을 텐데, 하고 생각하며 메달이 없는 사람과 자신을 비교했다. 그래서 동메달 수상자가 은메달 수상자보다 더 행복해했다.

나보다 못한 조건이나 못한 결과를 얻은 사람과 비교하면 내가 더 행복해지는가? 심리학의 한 연구 결과는 상향 비교를 한 사람과 하향 비교를 한 사람 중에서 후자가 더 행복하다는 것을 보여준다. 그런데 또 다른 연구에 따르면, 다른 사람과 비교하는 사람들은 비교하지 않는 사람들보다 덜 행복했다. 그게 상향 비교든 하향 비교든, 비교하지 않는 사람들에 비해서는 덜 행복했던 것이다. 비교한다는 것은 조건적인 존재가 되는 것이다. 그저 각자 자신의 길을 간다는 것을 기억하고 나는 내 길을 걸어가야 한다.

만족감의 평가 기준을 사람에게 두기보다는(타인이든 불특정 다수든 아니면 과거의 자신이든) 내면의 자기 목표에 두고, 감사함을 첨가한다면 보다 순수하게 만족스러운 행복감을 경험할 수 있을 것이다.

행복의 시제

행복은 지금-여기에서 느끼는 것이지만, 그 내용을 살펴보면 과거를 기억하고 추억하며 과거에 머무르기도 하고, 미래의 희망과 꿈으로 미래에 머무르기도 한다. 어느 시간에 가장 오래 머무르는가? 마음이 머무르는 시간대가 고착되어 있다면, 행복에서 살짝 비껴 나간 상태이다. 이를테면, 미래에 묶인 사람은 내가 어떤 목표를 성취하면 그때부터 영원히 행복할 거라고 생각하는 성취주의자일 수 있다. 순간의 노예로 사는 사람은 그저 지금 즐기는 것만을 생각하는 쾌락주의자일 수 있다. 과거에만 묶여 있는 사람은 옛날이 좋았다며 탄식하는 허무주의자일 수 있다. 그리고 어느 시간대에도 머무르지 못하는 사람은 좋았던 시기나 좋은 시기가 없다고 스스로 단정 지어버리는 우를 범하는 것일 수 있다. 특정 시기에 묶이지 않으면서 현재와 미래, 과거를 아우르는 다양한 행복을 추구해야 한다.

피터르 브뤼헐 Pieter Bruegel the Elder, 〈농민의 결혼 Peasant Wedding〉(1568)

떠들썩한 혼인 잔치가 열렸다. 우리나라에서는 국수를 먹었는데, 16세기 네덜란드에서는 결혼할 때 죽을 먹었나 보다. 아마도 강대국이었던 스페인의 지배 아래에서 먹을 것이 넉넉하지 않았을 터이다. 접시를 긁어 먹는 아이도 보이고, 음식을 나르는 사람들을 쳐다보는 악사도 보인다. 그래도 좋다. 오늘은 결혼식날이 아닌가. 잔치에 술이 빠질 수 없으니 술병 가득 술을 붓는다. 이후로 어떤 삶이 펼쳐질지 모르지만, 오늘만큼은 다 함께 축하할 자리니까 말이다.

행복에 대해 알아야 할 것들

무엇보다 행복에 대해 알아야 할 것은, 사람마다 행복이 다를 수 있다는 점이다. 행복을 한 가지 종류로 통일하려 하지 말자. 경험하는 상황이 객관적으로 동일하더라도 어떤 사람은 그것을 행복이라 느끼는데, 다른 사람은 전혀 행복하지 않을 수 있다. 한 사람에게 행복한 것이라고 해서 다른 사람에게도 그럴 것이라는 보장은 없다. 사람마다 행복은 다를 수 있다.

사람마다 행복이 서로 다를 뿐 아니라, 한 사람에게도 행복의 내용은 다양할 수 있다. 행복의 정의를 넓히고 종류를 세분화하면서 우리가 느끼는 행복을 더 다양하게 개발할 수 있다.

행복 경험은 매번 느낄 수 있는 것이 아니다. 별다른 사건 사고가 없고 무난한 시간을 보내는 것 역시 행복 경험일 것이다. 하지만 그러한 평범하고 무난한 시간 속에서 별달리 행복을 느끼지 못할 수 있다. 어쩌면 그 상태를 잃어버린 후에야, 지나간 시간이 얼마나 행복했는지 뒤늦게 알게 되기도 한다. 이는 행복을 자각하지 못하는 사람이 무감각하거나 삶에 대해 오만해서 발생하는 현상이 아니다. 그보다는, 행복 경험이 감각 경험과 비슷한 속성을 지니고 있기 때문이다.

감각 경험은 필연적으로 상태가 변화될 때 가장 민감하게 감지된다. 동일한 감각이 지속적으로 들어오면 어느 정도 시간이 흐른 뒤 그 감각을 더 이상 느낄 수 없게 된다. 이를 감각 순응 sensory adaptation 이라 부른다. 예를 들어, 화장실에 들어갔을 때 처음에 냄새 때문에 인상을 찡그렸더라도 얼마 지나지 않아 냄새를 거의 느끼지 않게 될 것이다. 차가운 바닷물에 입수할 때도 처음에만 차갑고 이내 그런 느낌은 사라질 것이다. 행복을 느끼는 것도 감각과 비슷한 면이 있어서 상태가 변화될 때 가장 분명하게 느껴진다. 그리고 쭉 지속되는 상태에서는 행복의 느낌이 줄어든다.

행복이 느껴지지 않을 때는 잠시 행복으로부터 관심을 다른 곳으로 돌려도 된다. 2부에서 살펴볼 행복의 구성요소인 몸과 마음, 생각과 관계, 자신의 일에 집중하다 보면 어느새 다시 행복을 느낄 수 있는 감각이 활성화될 것이다.

마지막으로, 더 좋거나 덜 좋은 행복이라는 것은 없다. 행복이 몇 점인지 점수를 매길 것은 아니지 않은가. 작고 소중한 행복부터 평범한 행복, 대단하고 잊을 수 없는 행복이 있다면, 각각에 대해서 그 자체로 가치를 인정해 주자. 또한, 나의 행복과 타인의 행복을 비교할 일도 아니므로, 행복에 대해 점수를 매기지 말자.

바꿀 수 있는 것과 없는 것

행복을 추구해 나갈 때, 바꿀 수 없는 것과 바뀔 수 있는 것을 구분하는 지혜는 무척 큰 도움이 될 것이다. 나는 심리학자이자 미술치료사로서 사람들의 이야기를 들을 기회가 많았다. 겉보기에는 다들 별문제 없이 살아가는 사람들조차, 한 꺼풀 안으로 들어가면 절대 그렇지 않았다. 인생은 기본적으로 고통이나 눈물 없이 성립되지 않는 함수였다. 그런데 내가 관찰하며 알게 된 것은 이것이다. 사람들은 불행한 가운데에서도 웃을 수 있고, 가끔 행복한 순간을 누리기도 한다. 불행과 행복은 어느 순간에 동시적으로 경험되기도 한다. 이를테면 대체로 불행한 상황에 놓여 있으면서도 더없이 행복한 상태를 누릴 수도 있다. 이러한 사람들은 자신의 삶에서 바꿀 수 없는 것과 바꿀 수 있는 것을 구분할 줄 알고, 전자에 대한 관심은 줄이면서 후자에 대한 노력은 키워가는 사람들이다.

바꿀 수 있는 것을 변수라고 하고, 그렇지 못한 것을 상수常數라고 부르자. 상수는 변하지 않고 항상 일정한 값을 갖는 수다. 이미 주어진 삶의 조건이라면 이것은 상수다. 그리고 살아가면서 내가 발휘하게 될 의지는 변수다. 상수로서의 삶의 조건만 원망하고 있다면 어쩔 수 없는 것에 에너지를 쏟아붓는 셈이다. 그보다는, 변화시킬 수 있는 것에 에너지를 들이는 편이 훨씬 더 낫다.

불행한 어떤 상황이 있다면 그것을 상수 취급할 수도 있다. 상수로 두었을 때의 장점은, 그것에 무디어질 수 있다는 것이다. 길게 지속되면 무감각해지기 때문이다.

하나 더! 상수와 변수로 둘 수 있는 내용은 타인과 자기 자신이다. 타인을 상수로 두고 자신은 변수로 두자. 타인을 바꾸려 하기보다는, 자신을 바꾸려고 마음먹게 될 것이다. 행복은 마음 자세에 따라 더 많이 느낄 수도 있고, 훨씬 적게 경험할 수도 있다. 바꿀 수 있는 것은 바꾸려고 노력하되, 바뀌지 않는 것은 수용하고 인정하는 자세가 행복의 지름길이다.

▶ **상수와 변수 이해하기**

단순하게 이러한 함수가 있다고 해보자.

Y = 2X + 3

이 함수에서 X는 독립변수, Y는 종속변수, +3은 상수다. Y값은 X값에 무엇을 투여하는지에 따라 달라질 것이다. Y값을 행복의 수준이라고 하고, X는 내가 노력할 수 있는 부분, +3은 유전적인 속성이나 태어날 때 주어진 환경처럼 바뀌지 않는 부분이라 생각해보자. 어떤 사람들은 +3으로 살아가고 또 다른 사람들은 -30으로 살아갈 것이다. 그렇지만 그 값이 바뀌는 값이 아니라 고정값이다.
Y값을 바꾸는 데 더 큰 영향을 줄 수 있는 것은 X에 투입되는 값이 아닐까.

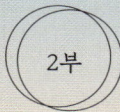

2부

행복의 구성요소

*

2부에서는 행복을 구성하고 행복에 영향을 미치는 주요 요인으로
신체, 감정, 생각, 관계, 일 등의 다섯 가지를 꼽았다. 그리고 각각의 핵심 키워드를 수식어로 붙였다.
몸은 건강한 것이 중요하므로 '건강한' 몸, 감정은 흔들림과 기복이 적은
'안정적' 감정, 생각은 치우치지 않는 것이 중요하므로 '균형 잡힌' 생각으로 이름 붙였다.
관계에 대해서는 '주고받으며 나누는' 것을 중요하게 바라보았다.
성취와 일에는 따로 수식어를 붙이지 않았는데,
이것은 부여하는 의미나 가치가 사람마다 다르더라도 그 각각이 행복에 기여하기 때문이다.

1
건강한 몸

달라이 라마Dalai Lama는 이렇게 말한다.

"행복은 이미 당신 안에 있다. 그 행복은 건강한 몸과 마음에서 온다."

몸과 신체 조건은 행복을 누리기 위한 터전이 된다. 주어진 신체 조건이 기준선이 되기 때문에, 익숙해지면 그 기준선이 무엇이었냐 하는 점은 행복에 별다른 영향을 주지 않는다.[1] 약하게 태어났다거나, 신체의 일부분에 장애가 있다 하더라도 행복을 추구하는 데 절대적인 차이가 있는 것은 아니다. 그보다는, 기준선이 되는 건강 상태

---

[1] 1부 2장에서 소개한 류브미르스키의 '지속가능한 행복 모델'에서 건강은 상황 요인에 해당하고, 상황 요인에 포함된 수입이라든가 외모 같은 요소까지 모두 합쳐서 10% 정도의 영향력만 발휘했다는 것을 기억하자.

수잔 발라동 Suzanne Valadon, 〈투망 Casting the net〉(1914)

프랑스 화가 수잔 발라동은 그물을 던진다는 제목으로 건강한 세 명의 남성을 그렸다. 태양 아래 구릿빛으로 물든 피부는 건강해 보이고, 근육질의 다리는 그물을 던지는 동안 미끄러지지 않게끔 인물을 단단하게 받쳐줄 것 같다. 발라동은 화가로서도 업적을 쌓았지만, 모델로서도 활약했다. 르누아르와 로트레크의 그림에서 모델로 등장하는 발라동은 춤을 추기도 하고 숙취로 멍한 표정을 짓기도 한다. 댄서 모델이면서 자신도 화가라니, 몸을 어떻게 움직이고 어떻게 묘사할지 관심이 많을 수밖에 없었겠구나 싶다.

를 어떻게 유지하고 관리하는가 하는 점이 행복에 영향을 준다.

건강과 행복은 떼려야 뗄 수 없는 관계다. 영국의 철학자이자 정치인이었던 프랜시스 베이컨 Francis Bacon 은 '건강한 몸은 정신의 전당이고, 병든 몸은 정신의 감옥이다.'라고 표현했으며, 미국의 정치인이며 100달러 지폐의 초상화 주인공인 벤저민 프랭클린 Benjamin Franklin 은 건강한 육체는 건강한 정신을 유지하는 데 필수적이라고 강조했다. 마하트마 간디 Mahatma Gandhi 도 금과 은이 아니라 건강이야말로 진정한 부요함이라 했고, 건강 없이는 행복도 없다고 말했다.

몸과 마음은 긴밀하게 연결되어 있다. 심신의 연결성을 바탕으로 마음은 몸에, 몸은 마음에 영향을 줄 수 있다. 즉, 양방향으로 서로 영향을 주고받는 것이다. 그래서 마음이 힘들 때는 몸을 보살펴 줌으로써 마음에 힘이 실리게 할 수 있고, 몸이 힘들 때는 마음을 조절하거나 다잡음으로써 몸이 버텨낼 수 있게 할 수 있다.

행복과 신체 변화

일반적으로 사람들이 시간이 지나면 앞으로 더 행복해질 것이라고 기대하는데, 만약 그 기대가 충족되지 않고 오히려 시간이 갈수록 행복이 줄어든다면 그것은 다름 아닌 신체 변화 때문일 가능성이 있다. 나이 들면서 필연적으로 노화가 찾아오고 질병의 발생 가능성도 높아진다. 지구 환경의 급변으로 인해 건강을 위협하는 사건들이 계속해서 발생하고 있어서, 낙관적인 태도를 지닌 사람들조차 걱정과 긴

장으로부터 자유롭지 않다. 우리는 여기서 행복에 영향을 주는 신체 변화로 질병, 노화, 수면이라는 세 가지 문제를 살펴보고자 한다.

1. 질병

질병에 걸리지 않으면 가장 좋겠지만, 사는 게 어디 그런가. 사고나 질병은 예기치 못한 순간에 만나게 되는 어쩔 수 없는 동반자다. 질병은 누구에게나 일어날 수 있는 일이다. '왜'라고 질문하면 답을 찾기가 어렵다. '왜 하필 나인가', '왜 지금 이 순간에 이런 일이 생기는가'와 같은 내면의 말은 내려놓자. 질병이 발생한 경우에는 침착하게 치료에 최선을 다하면서 자신의 마음을 붙잡아야 한다. 과도한 걱정, 부정적인 예측, 불운한 자신에 대한 비관, 고통에 대한 두려움은 모두 삶을 갉아먹는다. 작고 소중한 일상의 경험 하나하나를 진심으로 느끼고 음미하면서, '소확행'[2]을 축적해 나가자. 아마도 마음에 힘을 실어줄 것이다.

2. 노화

두 번째 요인인 노화는 서서히 진행되기 때문에 꽤 오랜 시간 신경을 쓰지 못하다가 어느 순간에 갑자기 와닿게 된다. 나이가 들수록 신체 건강은 하강 곡선을 그린다. 거기에 맞춰서 건강에 대한 기대도 계속 수정해 나가야 한다. 기대가 높으면 실망이 크기도 하거니와, 비현실적 기대는 대비해야 할 것을 제때 충분히 대비하지 못하게 한다.

노화와 관련해서 행복은 점차 지켜나가야 할 어떤 것으로 변한다.

---

2   소확행: 일상에서 경험하는, 작지만 확실하게 실현 가능한 행복.

당연히 유지되는 행복은 없다. 계속해서 줄어들고 있다. 마치 모래를 한 움큼 쥐었을 때, 손가락 사이로 모래가 빠져나가는 것처럼 계속해서 줄어든다. 자신의 활동량에 대한 기대치도 조금씩 낮추어가면서, 건강을 상하지 않게 해야 한다. 젊은 시절이 계속될 것처럼 몸을 과도하게 쓰는 것은 금물이다. 어느 정도 해야 할지 잘 모르겠다 싶으면, 그냥 자신의 에너지를 70% 정도만 쓴다고 기준을 잡으면 된다.

노화를 자연스럽게 받아들이는 방법 중 하나는, 과거와의 비교를 절제하는 것이다. '옛날에는 내가 이만큼 했는데'라고 지금의 자신과 비교하기 시작하면 괜히 서글퍼진다. 가끔 과거를 떠올리는 것이야 추억도 되고 좋지만, 젊은 시절의 자신과 현재의 자신을 계속 비교한다면, 그것은 현재를 좀먹는 행동이 된다. 절제하자. 그때는 그때로 좋고, 지금은 지금으로 충분하다.

노화를 소화하는 또 다른 방법은, 베풂과 나눔을 지속해서 실천하는 것이다. 베풀고 나누는 건 개인의 시간과 공간을 넘어서서 지역사회와 후속 세대에게 연결될 수 있다. 뭔가를 남기는 것, 그중에서도 좋은 것을 남기는 것은 삶의 의미에서 중요한 부분이다. 자비로운 마음과 행동은 나이 드는 것의 의미를 진정으로 멋지게 해석해 줄 것이다.

3. 수면

수면은 건강의 바로미터이자 행복을 유지하기 위한 필요충분조건이다. 양질의 수면은 여러 방면에서 행복의 기초공사를 해준다. 사람에게도 배터리 같은 것이 있다면, 하루 중 소모된 배터리는 충분히 잘 잤을 때 재충전될 것이다. 잠을 잘 자는 것만큼 확실한 재충전 방법은 없다.

수면하는 동안 지친 몸이 회복되고, 머리에서 처리해야 할 일들이 처리되며, 스트레스와 통증이 줄어들고 기분이 회복된다. 사고력, 기억력, 학습 능력, 의사소통 능력은 모두 수면을 통해 향상된다. 예를 들어, 새로운 기억을 만드는 데 핵심적인 역할을 하는 뇌 부위는 해마다. 해마는 밤에 푹 잘 잤을 때만 제대로 기능한다. 양질의 수면은 짧은 쪽잠을 이어가는 게 아니라 한 번에 내리 7~8시간 자는 잠을 말한다.

만약 수면에 문제가 있다면, 무엇보다도 수면의 중요성을 분명하게 인식하고 양질의 수면을 최우선 과제로 설정해야 한다. 그런 다음, 자신의 수면 스케줄과 수면 전의 생활 습관을 점검한다. 다음은 기본적으로 잠을 잘 자기 위해서 고려할 점들이다.

- 침대나 침실은 잠을 자는 용도로만 사용한다.
- 잠을 자는 스케줄을 되도록 일정하게 유지한다. 신체 내부의 시계가 잘 작동하도록 해줄 것이다.
- 수면을 돕는 장치(예를 들어 암막 커튼, 백색소음, 귀 플러그 등)가 자신에게 도움이 된다면 적극 활용한다.
- 잘 시간이 가까워지면 신체를 각성시키는 음식물이나 활동을 피한다. 예를 들면 카페인이 든 커피는 오후부터 마시지 않는다든가 밤늦게 활동적인 운동을 하지 않는다.
- 자기 전 3시간 이내에는 많은 양의 식사를 하는 것은 피한다.

▶ 양질의 수면을 위한 민간요법

- 캐모마일차, 따뜻한 우유나 꿀: 진정 효과가 있어 잠자리에 들기 전에 마시면 좋다. 따뜻한 우유에는 트립토판이라는 아미노산이 포함되어 있어 수면 유도에 도움이 되기도 한다.
- 라벤더 오일 또는 감귤류 향: 긴장을 풀고 잠들기 쉽게 만드는 효과가 있다. 베개 등 침구류에 몇 방울 떨어뜨리거나 디퓨저를 사용해 방 안에 퍼지게 한다.
- 발목 마사지와 스트레칭, 깊은 호흡

- 술을 수면 보조제로 쓰지 않는다.
- 잠자리에서 전자기기를 사용하지 않는다. 특히 잠자리에 누워서 핸드폰을 사용하지 말자.
- 잠이 오지 않는 것을 걱정하지 말자. 눈만 감고 있어도 된다.

이렇게 생활 습관을 점검하고 교정했는데도 여전히 잠드는 게 어렵다면, 낮 운동 시간을 더 늘려야 한다. 햇볕을 쬐면서 걸을 수 있는 시간이 조금이라도 있다면 그 시간을 꼭 확보해서 지켜나가야 한다. 계속해서 수면에 문제가 있다면, 지체하지 말고 의학적인 도움을 받아야 한다. 그 외에 민간요법도 적극 활용해 볼 수 있다.

행복과 몸 건강 상태

몸의 건강은 누구에게나 중요하다. 그런데 건강에 대한 관심이 지나쳐서 과도한 걱정이 되거나 불안이 된다면 이 역시 우리 삶을 좀먹게 된다. 그러한 대표적 문제 상태로 신체화와 건강염려증을 들 수 있다.

1. 신체화

신체화는 심리적 스트레스가 신체 증상으로 나타나는 것이다. 감정을 억압하는 문화나 스트레스 지수가 높은 문화에서 흔히 나타난다. 예를 들어, 상대방의 행동이 마음에 들지 않지만 차마 말을 할 수 없는 상황이고 너무 속상하다면 몸져눕는 반응을 보이는 것이 신체화라고 할 수 있다.

신체화를 줄이기 위해서는 무엇보다 자신의 신체 증상에 대해 이해하고 인식을 전환해야 한다. 왜 이런 증상이 생기는지 이해하면 훨씬 도움이 된다. 그런 다음, 스트레스를 보다 효율적으로 관리하고자 노력해야 한다. 아마도 정량적인 스트레스도 있고 정성적인 스트레스도 있을 텐데, 주관적인 스트레스는 기본적으로 자신에 대한 기대와 타인에 대한 기대를 조정함으로써 감소시킬 수 있다. 그리고 생활 습관을 개선해 나가는 것도 심리적 스트레스의 신체화 현상을 줄여 줄 수 있다.

2. 건강염려증

건강염려증은 건강에 대해 과도하게 걱정하는 것이다. 질병에 걸리지 않았는데도 자신이 질병에 걸렸다고 확신하거나 앞으로 질병에 걸릴 것이라는 공포를 느낀다.

모든 종류의 과도한 걱정은 행복과는 영원히 대척점에 있다. 심하게 걱정하면서 행복해지는 것은 실현 불가능한 일이다. 그러므로 건강에 대해 과도하게 걱정하는 상태라면, 무엇보다 건강에 대한 정의와 기대를 수정해야 한다. 어떠한 병이나 문제가 전혀 없어야 건강한 것이 아니다. 약간의 문제가 있더라도 대체로 건강하다면 그 상태를 '건강하다'고 말할 수 있다.

　그리고 내면의 불안을 이해해야 한다. 무엇을 그렇게 불안하게 느끼는지, 불안한 내용을 끝까지 파고들어가다 보면 의외로 불안의 실체는 보잘것없는 것일지도 모른다.

　건강염려증도 신체화와 마찬가지로 스트레스를 잘 관리하면 줄일 수 있다. 스트레스는 만병의 근원이다. 관리하지 않고 방치하면 눈덩이처럼 불어나서 우리를 위협할 수 있다. 꼭 잘 관리하고 볼 일이다.

　감사하기와 나누기를 지속적으로 실천하는 것도 걱정을 이겨내는 한 가지 방법이다. 우리가 우리 자신만 바라볼 때는 계속해서 문

> ▶ 건강한 몸을 위한 운동 팁

1. 운동에 대해 동기를 가진다.
2. 쉬운 운동부터 실천한다.
3. 심호흡, 걷기, 스트레칭, 체조. (이 중에서 하나라도 선택해서 실천한다.)
4. 일어나기 싫을 때는 일단 문지방까지 가고, 그다음은 현관문 밖까지만 간다.
5. 작심삼일이라면 3일씩 일주일에 두 번 실천한다.
6. 운동하며 긍정적인 감정에 초점을 맞춘다.

제점을 찾아내게 되지만, 시선을 바깥으로 돌려 무엇인가 나누며 감사하는 마음을 지닌다면 좋은 점을 훨씬 더 많이 발견하고 느끼게 될 것이다.

2
안정적 감정

미술치료를 하면서 감정을 그려보라고 하면, 더러 번개와 먹구름을 그리는 사람들이 있다. 아, 번개에 먹구름 같은 감정이라니…. 살면서 스트레스 받는 일도 많고 폭발할 듯이 힘든가 보다 싶다. 번개가 칠 때 그 주변의 공기는 즉시 급격한 변화를 보인다. 번개는 강력한 전기 방전 현상이기 때문에 기온은 1초도 안 되는 시간에 약 섭씨 3만 도까지 올라간다. 태양의 표면온도가 섭씨 6천 도 정도인 점을 감안하면 태양보다 다섯 배나 뜨겁다. 이렇게 뜨거워진 공기는 급작스럽게 팽창하고 팽창에 따른 충격파는 우리에게 천둥소리로 들린다. 폭발하는 감정이 주변에 전달되는 과정도 비슷하다.

    행복에서 감정은 아마도 가장 중요한 부분일 것이다. 붕어빵의 팥 같은 부분이랄까. 행복은 감정과 인지, 두 영역으로 구성되지만, 더 기본적이면서 근원적인 부분은 감정이다.

행복의 중추적 역할, 감정

감정은 에너지이며 삶에서 동기를 제공하고 행동을 일으키며 살아가게끔 해주는 원천이다. 감정 표현이 적거나 감정보다 이성이 발달된 사람들도 감정을 느낀다. 사람의 감정은 생리적이고 신경학적인 반응이므로 감정이 없는 사람은 없다.

감정은 위험을 감지하도록 하는 생존 기능을 할 뿐 아니라 의사결정을 돕고 판단과 평가에 기여하며 사람들 간의 공감과 유대를 통해 사회적 상호작용이 잘 이루어지도록 해준다. 그리고 무엇보다도 감정은 행복에서 중추적인 역할을 한다.

행복이라는 감정

행복은 긍정적 감정의 총화이며 기분 좋은 감정을 느끼는 것이 바탕이다. 기쁨과 즐거움, 만족, 뿌듯함, 평온함, 홀가분함, 따뜻함과 같은 다양한 종류의 긍정적 감정 중에서 사람마다 순간마다 느끼는 감정은 다를 수 있지만, 행복해지기 위해서는 긍정적 감정을 느껴야 한다. 기쁨과 즐거움의 경험은 삶의 중요 목표가 될 수 있다. 그러한 감정이야말로 인간의 생존과 번식, 사회적 유대를 강화하기 때문이다.

그렇다고 부정적인 감정이 조금이라도 있으면 행복하지 않은 것은 아니다. 행복은 마치 점묘법으로 묘사한 그림 같아서, 아주 가까이서 들여다보면 점마다 서로 색이 다르지만, 몇 발짝 떨어져서 바라보면 큰 덩어리로 인식할 수 있는 것과 같다. 작은 점이 조그마한 감정 덩어리들이라면, 그 감정에는 긍정적, 부정적, 중립적인 요소들이 있을 수 있다. 그러나 전체를 봤을 때는 긍정적인 감정이 조금 더 우위에 있는 것으로 경험될 것이다.

행복한 사람도 희로애락을 모두 경험한다. '희'와 '락'만 경험하는 건 아니다. 희로애락을 모두 경험하는데 전체적인 상태를 보면 긍정적이다. 행복하다는 것은 슬픔이나 고통을 느끼지 않는 것이 아니다. 만약 그런 감정을 느끼지 못한다면, 얼마 못 가서 기쁨이나 만족도 느끼지 못하게 될 것이다. 기쁨이 살아 있는 감정이 되기 위해서는 다른 모든 감정도 살아 있어야 한다. 그래서 행복은 점묘법으로 그린 그림이지, 단일 색채로 그린 그림이 아니다.

행복한 사람들의 감정 특징

긍정적인 감정과 부정적인 감정은 상호 의존적인 면이 있다. 긍정적인 감정이 컸던 마음의 자리에서 부정적인 감정도 강하게 자랄 수 있다. 하지만 한쪽 감정의 증가나 감소가 다른 쪽 감정의 증가나 감소에 자동으로 영향을 주지는 않는다. 단적인 예로, 부정적 감정(예: 우울함)이 줄어든다고 해서 긍정적 감정(예: 즐거움)이 늘어나지는 않는다. 그러므로 두 종류의 감정은 서로 다른 차원에서 개별적이고 독립적인 것으로 존재한다고 이해하는 것이 맞다. 심리학자들은 긍정적 감정과 부정적 감정이 발생하고 진행되는 심리적 과정이 서로 다르며 이들 감정의 진화적 기능도 다르다고 지적한다. 그러므로 이 두 종류의 감정은 각각 개별적으로 관리하고 다루어야 한다.

행복한 사람들은 긍정적 감정과 부정적 감정 모두를 경험하며 살아가므로, 이러한 감정들 사이에서 균형을 잘 잡아야 한다. 대체로 행복한 사람이란 긍정적 감정을 조금 더 많이 경험하고 부정적 감정은 덜 경험하는 사람이라고 정의하는데, 그보다 더 중요한 부분이 있다. 바로, 행복한 사람들의 감정은 대체로 안정적이라는 점이다. 급변하거나 쉽게 오락가락하거나 변덕스러운 감정은 행복과는 거리가 멀다.

이는 행복을 비교적 단기간 유지되는 즐거움과 기쁨, 보다 장기간 지속되는 만족과 감사로 정의하는 것에서 미루어 짐작할 수 있다. 안정적인 감정을 유지하면서 가끔 즐거움과 기쁨을 느끼는 것이 행복의 표준적인 정의에 가장 가깝다. 장기간 지속되는 큰 틀에서 변하지 않는 감정의 색채는 대체로 긍정적인 것이며, 때로 부정적인 색채의 감정을 경험하더라도 큰 틀의 감정 안에 수용되고 용해될 것이다.

즐거움의 의미

즐거움이라는 감정은 소중하다. 즐거움은 심리학적 관점에서 봤을 때 스트레스를 감소시키고 행복의 증진에 기여하며 동기를 부여해 주고 궁극적으로 삶의 질을 향상하는 역할을 한다. 철학적인 관점에서 보더라도 즐거움은 인간 삶의 목적 중 하나이다. 이때 즐거움의 의미는 육체적인 쾌락과 정신적인 평온, 두 가지를 다 아우르는 개념이다. 사회적 관점으로 보면 즐거움은 인간관계를 강화해준다. 사람들이 만드는 조직과 공동체는 즐거움을 공유할 수 있을 때 결속력이 훨씬 더 강화된다. 생물학적 관점에서도 즐거움은 애착을 형성하고 사회적 관계를 맺을 수 있는 원동력이 되므로 생존과 종족 보존에 기여한다.

행복을 저해하는 감정

행복을 저해하는 감정 중에 대표적인 것은 분노다. 원하는 바가 좌절되었거나 자신의 기준에서 부당하다고 느끼는 일이나 상황을 겪을 때 경험하게 되는 부정적인 감정 상태가 바로 분노다. 분노를 자주 느끼거나, 한 번씩 분노할 때 몹시 심하게 경험하는 경우라면, 행복을 유지하기가 어렵다. 화를 낸 순간에 이미 마음의 평온은 깨지고 행복은 멀어진다. 행복을 최우선 과제로 삼고 있다면 폭발적인 분노 경험을 최대한 피하는 것이 좋다.

분노는 사실 흔한 감정이다. 흔하게 경험할 수 있는 감정이면서 대체로 강렬하게 경험한다. 분노는 생각 속에서 점차 더 상승하는 경향이 있다. 이를테면 '어떻게 이런 일이 있을 수 있어?'라고 생각하는 순간, 분노는 더욱 커진다. 아마도 그러한 생각 이면에는 '당연히 이러이러해야지.'라는 가정이 있을 것이다. 그래서 분노에 대한 정의에 '자신의 기준에서 부당하다'고 느낄 때 드는 감정이라고 설명한다.

분노를 가속화하는 또 다른 특징은 충동성이다. 충동적인 사람들은 분노에서 급발진을 보인다. 충동을 잘 조절하지 못하고 스스로를 훈련하지 못한 사람들은 화를 내다가 자신이 표출하는 분노 감정에 더욱더 몰두해서 폭발적으로 화를 낸다. 거칠게 화를 내고 나서 휴지기가 찾아오더라도 마음이 회복되는 것은 아니다.

분노와 짜증의 속성 비교

요인	분노	짜증
강도	중간~고강도	중간 정도
촉발인자	다양한 상황에서 유발 가능하다.	대체로 심각하지 않은 촉발인자이며, 귀찮게 하거나 심기를 불편하게 하는 상황에서 발생한다.
지속 기간	상황에 따라 수 분~수 시간 유지된다.	짧게 지속되는 편이다.
영향력	대체로 건강이나 대인관계에 부정적 영향을 끼친다. 간혹 분노가 원동력이 되어서 긍정적 변화를 이끌어내기도 한다.	짧은 시간에 해결되면 영향력이 크지 않은 편이지만, 계속해서 축적되면 스트레스로 이어진다.

분노의 수준까지는 아니지만, 비슷한 결의 부정적인 감정으로 짜증이 있다. 짜증은 중요한 것은 아니지만 심기를 불편하게 거슬리거나 귀찮게 하는 어떤 촉발요인 때문에 발생한다. 대체로 지속 기간이 짧기 때문에 영향력이 크지 않다고 볼 수 있는데, 자주 경험하거나 길게 지속되면 문제가 된다.

분노와 짜증은 약간의 전염력이 있어서, 쉽게 분노하거나 짜증 내는 사람 곁에서는 누구라도 영향을 받기 마련이다. 되도록 그런 사람을 피해야겠지만, 어쩔 수 없이 곁에 있다면 타산지석, 반면교사로 삼아야 한다. 자신에게 이러한 감정이 문제가 된다면, 훈련을 통해 몸을 쓰는 것을 익히고 생각을 바꾸는 연습을 하거나(예: '그럴 수도 있겠지.'라고 가능성을 수용하기, 사실을 사실 그대로 보는 눈을 키우기 등) 혼자 머릿속에서 생각하고 추측하는 습관을 줄이기를 권한다.

▶ **수동공격성**

수동공격성은 분노나 적대감을 간접적이며 우회적으로 표현하는 것으로 다음과 같은 몇 가지 방식이 있다.

(1) 소극적 저항 - 지시를 거부하지 않지만 꾸물거리거나 중요 부분을 누락함
(2) 의도적인 비협조 - 겉으로 동의하지만 형식적으로만 참여
(3) 비꼬는 태도 - 직접 공격은 없으나 빈정대는 말투
(4) 망각이나 실수 - 중요한 일을 잊어버림. 겉으로는 실수처럼 보이는 행동
(5) 침묵과 회피 - 직접 대화를 피하고 침묵함

간혹, 직접 대놓고 화내는 게 아니니까 분노하는 것보다는 수동공격성이 낫지 않냐고 생각할 수 있는데 실제는 그렇지 않다. 수동공격적 행동은 특히 타깃이 되는 상대를 상당히 괴롭힐 수 있고 서로의 갈등을 더 심화시키며 관계를 파괴할 수 있다. 수동공격성을 쓰는 사람들 중에 되로 주고 말로 받았다고 보고하는 경우가 꽤 있다.

안정적인 감정에 이르는 네 가지 길

첫째는 내 마음의 날씨를 알아차리는 것이다. 날씨는 늘 변한다. 그렇지만 그렇게 변하는 날씨가 모여서 한 지역의 기후를 이룬다. 마

찬가지로 우리 마음의 날씨도 변화하지만, 그러한 마음들이 모여서 '나'라는 사람을 구성한다. 그러므로 매일의 감정이 가지는 중요성을 인식하고 자신의 마음이 어떠한지 무슨 감정을 느끼는지 돌아봐야 한다. 감정을 조절하는 첫 번째 방법이 감정을 인식하는 것이기 때문이다.

둘째, 감정에 영향을 받는 부분과 받지 않는 부분이 있다. 비가 오거나 눈이 내리면, 지상에서 생활하는 우리는 그 영향을 고스란히 다 받는다. 그런데 만약 우리가 비구름보다 위에 있다면 어떻게 될까? 마찬가지다. 감정을 한 개인의 가장 높은 주권자의 위치로 올리지 말아야 한다. '감정이 태도가 되면 안 된다.'는 말이 유행하듯이, 감정에 휘둘린다는 것은 감정이 우리 안에서 가장 높은 지위를 차지하고 있다는 말과 다름이 없다. 감정도 소중하지만, 전적인 주권자의 위치에 둬서는 안 된다.

셋째, 바라보는 눈과 떠오르는 생각을 훈련한다. 자신의 감정을 바라보는 눈, 감정을 일으킨 주변 상황이나 내적인 생각을 바라보는 눈을 키워야 한다. 인식하고 바라보는 것은 휘둘리지 않는 마음의 터전이 되어준다. 무의식적으로 혹은 자동으로 떠오르는 생각이 건강하고 균형 잡힌 내용으로 되게끔 훈련해야 한다.

마지막으로 자기 자신에게 긍정적인 말을 반복해 준다. 셀프토크 Self-talk라고도 하는 자기말은 때로 신비한 주문 같은 효과를 낼 때가 있다. 반복해서 스스로에게 말해주는 긍정적인 자기말은 어느새 자신의 내면으로 흡수되고 내재화된 보물로 기능할 것이다.

고요하게 앉아 감정을 바라보기

자연 속에 가만히 앉아 있어 보자. 명상을 위해 결가부좌 자세를 하기가 어렵다면, 단정한 자세로 앉는 것도 괜찮지 않을까. 마음에 쉼을 주자. 감정을 바라봐주자. 그렇게 우리를 휘두르지 않아도 알아봐 주겠다고 감정에 약속하자.

3
균형 잡힌 생각

여기 한 그루의 꽃나무가 있다고 하자. 이 꽃나무에 꽃이 핀다면 더 없이 아름다울 것이다. 봄날의 벚꽃을 떠올려 보라. 모든 사람이 봄이 왔음을 느끼고 환호한다. 그런데 꽃이 만개해서 지기까지 시간은 참 짧다. 일주일이면 꽃이 진다. 그렇다면, 꽃이 피지 않았을 때의 꽃나무는 어떤 의미인가? 그저 내년의 꽃이 피기까지 하염없이 기다려야 하는 존재일 뿐인가? 아마도 아닐 것이다.

마찬가지로 우리 또한 그러하다. 어떤 경험이나 특성도 그 사람의 한 부분일 뿐, 결코 전체가 아니다.

흑백논리에서 벗어나기

어떤 일이 벌어졌을 때 그 의미를 확대해서 전체적인 것으로 생각하는 것('다 좋다' 혹은 '다 나쁘다')은 치우친 생각이며 흑백논리라 부를 수 있다. 흑백논리는 어린아이 시각이 남아 있는 것이다. 얼핏 생각하면 사람들이 결코 일부분으로 전체의 의미를 평가하지 않을 것 같지만, 사실 우리는 살아가면서 그런 오류를 범하곤 한다. 이를테면, 자신의 실수나 불운한 상황을 두고 '나는 실패자야.'라고 생각하기도 하고, 친구가 섭섭한 행동을 했을 때 '저 사람은 친구도 아니야.'라고 생각하는 것이 그런 예이다.

생각은 한쪽으로 치우치기 쉽다. 혼자만의 생각은 이분법적인 사고나 과잉일반화, 흑백논리에 사로잡힐 경우 더 극단적으로 치닫게 된다. 집단에서 함께 토론할 때도 이러한 현상은 발생할 수 있다. 여러 사람이 의견을 모으면 가장 이상적인 결론이 도출될 것 같은데, 오히려 한쪽 극단으로 치우치게 되는 결과가 나올 수도 있다. 이를 집단 극화group polarization라고 한다. 치우친 결론은 뭔가 시원시원하고 분명한 느낌을 줄 수 있지만, 결론을 내리는 과정에서 급진적인 요소가 작용했을 가능성이 있다.

흑백논리에서 벗어나기 위해서는 삶에 존재하는 복잡성을 인정해야 한다. 그리고 그 어떠한 것도 100퍼센트라는 것은 있을 수 없으며 뭔가 명확하지 않은 회색 지대가 있다는 것도 수용할 수 있어야 한다. 감정에 휘둘려서 판단할 때는 한쪽으로 치우치기 쉽다. 특히 판단의 대상이 사람인 경우에 더욱 그렇다. 자기 자신에 대해서든 타인에 대해서든, 사람 사이에 발생하는 어떤 일은 감정을 환기시키기 쉽고 감정에 사로잡히면 유연하게 생각하기가 어려워진다. 아무리 좋은 사람이라고 느껴지더라도 그 사람에게 약점이나 단점이 있고, 아무리 나쁜 사람이라고 하더라도 그렇게 될 수밖에 없는 이유가 있거나 혹은 내가 모르는 어떤 장점이 있을 수 있다. 자기 자신에 대해서도 마찬가지다. 그런데 연습하기 전까지는 그러한 균형 잡힌 생각이 잘되지 않는다. 결국, 흑백논리에서 벗어나서 균형 잡힌 시각을 가지기 위해서는 다양한 시각을 이해하려 노력해야 하고, 다른 사람들로부터 이야기를 듣는 열린 태도를 가지며 자신의 감정과 생각을 돌아보는 자기 성찰의 훈련을 해야 한다.

균형 잡기와 중용

행복이 덕성을 갖춘 선(善)이라고 바라보는 입장에서는 중용을 매우 중요한 덕목으로 꼽는다. 중용은 균형과 조화를 의미한다. 극단을 피하고 지나치거나 부족하지 않은 균형을 유지하는 것이 중용이다.

생각에도 중용을 적용해볼 수 있다. 무엇이든 과하지 않고 지나치지 않는 자세로 삶을 바라보는 것이다. 예를 들어 우리 마음 안에서 현실적인 시각과 이상적인 희망이 서로 싸운다고 해보자. 어느 한쪽 편만 들어주기보다는 현실감각과 이상주의 사이에서 적절한 균형을 잡는 것이 행복을 오래 유지하는 데 도움이 될 것이다. 지나치게 이상주의적인 사람들은 자신의 기대에 못 미치는 현실을 만났을 때 과

빈센트 반 고흐 Vincent van Gogh, 〈흐린 하늘 아래 밀 더미 Wheat stack under a cloudy sky〉(1889)

하늘이 흐리다. 구름이 잔뜩 꼈나 보다. 그래도 다행이다. 밀이 한창 자랄 때는 햇빛이 충분해야 하는데, 지금은 밀을 수확했으니 말이다. 봄에 심어 가을에 거두기까지 두세 계절을 농부의 땀을 비료 삼아 자란 밀은 황금색으로 익었고 이제 얼마 지나지 않아 빵을 만들 재료가 될 것이다. 검은 새가 날고 있다. 까마귀인가. 삶에서는 좋은 것만 있을 수도 없고, 나쁜 것만 있지도 않다. 검은 새가 그렇다. 들뜨기 쉬운 황금색을 지그시 눌러주니, 오히려 고마운 존재라고 해야 할까.

도하게 실망하거나 비판하며 분노하게 된다. 또한 지나치게 현실적인 사람들은 더 꿈꿀 수 있는 희망의 존재를 부정한다. 생각의 세계에서 둘 사이에 적절한 균형을 잡는 것, 조화롭게 중용을 지키는 것이 행복의 바탕이 될 것이다.

사람을 두고 뭔가를 생각할 때 중용을 실천할 수 있는 방법 중의 하나는, 일단 '옳고 그르다'라는 기준을 적용하지 않는 것이다. '이렇게 하는 것이 옳아. 이게 맞아.'라고 기준을 세워버리면, 그것이 아닌 것들은 모두 '잘못된 것, 틀린 것, 나쁜 것'이 된다. 물론 옳고 그름을 따져야 하는 영역도 있다. 그런데 모든 영역이 그런 것은 아니다. 특히 사람들 사이에서 벌어진 일이라면 옳고 그름을 가장 늦게 따지는 것이 좋다. 왜냐하면 머릿속에서 어떤 생각이 일어날 때 일일이 옳고 그름의 잣대를 휘두른다면, 자신이 선호하거나 선택한 그것만이 옳은 것이 될 것이기 때문이다. 상대를 악의 축으로 만들고 나면 협상의 여지는 사라진다. 자신만 옳다면 다른 의견을 들어보거나 마음을 개방할 수 있는 여유가 없어지는 것이다.

옳고 그름의 기준을 적용하지 않거나 혹은 맨 마지막에 적용해야 하는 이유는 우리가 사람에 관해 알고 있는 게 적기 때문이다. (혹은 없다고 해도 무방하다.) 나는 가끔 신(神)은 모든 정보를 다 가지고 있는 존재가 아닐까 상상해 본다. 제한된 정보를 가지고 살아가면서, 자신의 정보가 제한되어 있다는 사실을 인식하지 못하는 인간과 달리 말이다. 우리는 열 길 물속은 알아도 한 길 사람 속과 그의 역사는 모르는 채로 살아간다. 그 사람의 행위 이면에서 작용하는 어린 시절의 경험이나 성장하면서 겪었던 잊을 수 없는 일들, 초기 기억과 마음에 남아서 영향을 주는 상처와 쓴 뿌리, 이런 것들을 알지 못한 채로 상대에 대해서 옳다 그르다 평가한다. 그렇게 하는 판단이 과연 어느 만큼 제대로 이루어진 것일까.

  인간의 삶에서 옳고 그름의 기준은 의외로 빠르게 바뀐다. 미국 NBC에서 만든 프로그램 중 최고 인기를 누렸던 〈프렌즈〉라는 시트콤이 있다. 우리나라에서도 꽤 인기를 끌었고, 아마도 '미드'로 불리는 미국 드라마 열풍의 대장주였을 것이다. 1994년부터 약 10년간 방송되었는데, 첫 방송으로부터 30년의 세월이 흐른 지금, 다시 〈프렌즈〉라는 방송을 보면 그 프로그램의 웃음 코드에 동의하기 어렵다는 반응이 많다. 나름대로 시대적이거나 지역적인 요소를 배제하고 만들었다고 하는데도, 외모 지상주의나 성희롱, 성 소수자에 대한 희화화 등이 요즘의 성인지 감수성과는 결이 다르기 때문이다. 그러니, 지금 우리가 가지고 있는 기준도 절대적인 것이 아니라 시간의 흐름과 함께 빠르게 변화할 것이다. 그렇게 언젠가 변할 기준으로 내 생각 속에서 다른 사람을 판단하는 것은 어느 만큼 의미 있는 것일까. 그래서 중용의 가치가 더 빛나는 것인지도 모른다.

보편타당한 권리

행복에 대해 기대하는 것은 중요하며, 그 기대는 일상에서 알게 모르게 힘을 발휘한다. 행복을 기대하고 외부적인 조건과는 무관하게 행복을 추구해 나가는 것은 모두가 누려야 할 권리다. 사실 삶에서 행복보다 큰 의미를 지니는 것은 무엇인가? 행복은 생존권만큼이나 필수적이며, 누구에게나 보편적으로 적용되는 기본적인 정서적 필요라 할 수 있다.

행복에 대해 기대하지 않는 사람은 다음과 같은 특징을 보이는 경우가 많다.

첫째, 자신의 경험을 행복이라 생각하지 않는다. 만약 비슷한 경험이 다른 누군가에게 발생했다면 그 사람은 그 일로 인해 충분히 행복할 수 있을 만한 일인데, 행복에 대한 기대가 없는 사람은 그것을 행복이라 여기지 않는다.

둘째, 무엇을 선택할 때 행복의 관점에서 선택하지 않는다. 성공이나 효용가치, 실현 가능성 등 다른 관점에서 선택하고, 행복의 관점에서 선택하지는 않는다.

셋째, 일이나 관계에서 자신이 좋아하는 것보다는 해야 하는 것을 선택할 가능성이 높다. 만약 어떤 사람이 '해야 하는 것'에 진정으로 의미와 가치를 부여하고 있다면 그것은 그에게 좋아하는 것이 될 확률이 높다. 해야 하는 것과 좋아하는 것이 결이 같다면 그 사람은 행운이다. 그러나 좋아하는 것과 해야 하는 것 사이의 간극이 넓다면 선택을 잘해야 한다. 만약 후자를 선택했다면 그 사람은 의무와 당위, 평가와 평판이라는 틀을 선택한 것이다.

넷째, 현재의 자기 삶에 행복한 느낌이 들지 않더라도 무엇인가 달라질 것이라는 희망을 품지 않는다. 행복에 대한 기대가 있어야 달라질 것이라는 희망도 생긴다.

다섯째, 타인에게나 자기 자신에게 비판적인 태도를 취하곤 한다. 기대가 주는 여유와 즐거움, 따뜻함이 있어야 살아 있는 존재에게 너그러워질 수 있다.

무엇을 기대하는가 하는 점은 참 중요하다. 생각이 현실이 될 수 있기 때문이다. 당장 그렇게 바뀌지 않더라도 서서히 자신의 믿음대로 실현되기 마련이다. 이러한 효과를 자기충족적 예언self-fulfilling prophecy이라고 한다.

> ▶ **자기충족적 예언**
>
> 믿음이 현실을 만들게 되는 현상이다. 뭔가에 대해 기대를 가졌을 때, 그 기대가 잘못된 것이거나 근거가 없었음에도, 사람들의 행동이나 태도에 영향을 미쳐서 결과적으로는 마치 예언처럼 실제로 기대했던 결과가 발생한다.
> 특히 사회적 관계 상황에서 자기충족적 예언이 작용할 수 있다. 상대방은 나에게 아무런 감정이 없는데, 상대가 나를 싫어한다고 믿는다고 가정하자. 그러한 믿음은 내 행동에 영향을 주게 된다. 나도 상대에게 기분 나쁜 티를 내게 될 것이고 이는 표정이나 자세, 태도, 말 등에 영향을 주어서 마침내에는 그 사람이 나를 좋아하지 않게 된다.
> 자기충족적 예언은 긍정적 기대를 했을 때는 긍정적 결과를 낳기도 하고, 부정적 기대를 했을 때 부정적 결과를 가져오기도 한다. 비슷한 용어로 피그말리온 효과Pygmalion effect가 있다.

행복에 대한 가정

행복을 물질적 소유에 한정해서 생각하면 거의 필연적으로 행복을 두고 경쟁하는 관계를 가정하게 된다. 재화는 무한하지 않으므로 타인이 그만큼 많은 재화를 소유했다면, 다른 사람은 그렇지 못하다는 의미가 되기 때문이다. 타인의 행복은 나의 불행을 의미할 수 있다. 이러한 관점은 물질적 소유가 관여하는 대부분의 영역으로 확대된다. 업무에서의 큰 성공이라든가 값비싼 음식점과 휴양지, 시간과 돈을 투자해야만 누릴 수 있는 취미생활 등 물질적인 소유에서 비롯된 부유한 타인의 존재는 그것을 바라보는 사람의 처지를 조금 더 불행하게 느끼게 만든다.

한 사람이 행복해지면 다른 사람은 반드시 불행해진다는 식의 생각은 영합게임(제로섬 게임$^{\text{zero-sum game}}$)이다. 플러스 값과 마이너스 값을 합쳐서 0이 된다는 가정이다. 누군가는 플러스 값을 가졌으므로 다른 이는 마이너스 값을 가질 수밖에 없다고 보는 것이다. 이처럼 제로섬 게임으로 행복을 바라보면, 행복은 경쟁해야 하는 어떤 것이 된다.

그런데 행복이 물질적 소유에 국한되지 않고 더 다양해지고 넓어진다면 어떨까? 각자의 색과 향을 가진 행복이라면 말이다. 예를 들어, 등산을 좋아하는 사람에게는 산에서 흘리는 땀과 정상에서 느끼는 호연지기가 행복이다. 마라톤을 좋아하는 사람은 숨이 턱까지 차는 순간도 버텨내면서 행복을 누린다. 각자의 순간이며 독립적인 행복이다. 이처럼, 행복은 경쟁해야 하는 것이 아니고, 상대방의 행복 여부에 좌우되는 것도 아니다. 행복은 각자의 마음과 삶 속에서 은은하게 오래도록 빛나는 힘이다.

4
주고받으며 나누는 관계

물을 공중으로 쏘아 올린다고 했을 때 어느 정도 높이까지 올릴 수 있을까? 대체로 만들 수 있는 물기둥의 최대 높이는 펌프의 압력에 따라 다르긴 하지만 2~30m 정도 된다고 한다. 그런데 세계에서 가장 큰 나무 높이는 115m[3]라고 하니, 뿌리에서 흡수한 물이 100m도 넘게 올라가는 것이다. 중력을 거슬러서 그렇게 높이 올라가는 힘은 어디에서 나올까? 잎의 증산작용과 나무 안의 물의 통로가 되는 곳의 장력(=당기는 힘의 강도) 그리고 물이 가진 강한 응집력 덕분이다. 물의 응집력은 나무 속 물관부의 장력보다 크기 때문에 물을 잡아당기는 힘이 있을 때 중간에 물이 끊기지 않고 쭉 연결되어서 올라가는 것이다. 그렇지 않다면 물이 중간에서 끊어지고 말 것이다. 응집력,

---

[3] 현재까지 기록된 세계에서 가장 큰 나무는 미국 캘리포니아주 레드우드 국립공원에 있는 하이페리온Hyperion이라는 이름을 가진 나무다. 이 나무는 2006년에 발견되었는데 발견 당시 측정된 높이는 약 115.92m라고 알려져 있다.

그것은 나무에도 사람에게도 중요한 관계 요소다. 서로 든든하게 연결되어 있다면, 불가능해 보이는 것도 넉넉하게 해낼 수 있다.

행복의 구성요소에 좋은 관계가 포함된다는 것은 너무도 당연하다. 사람은 호모 소시알리스Homo socialis, 사회적인 존재이기 때문에 사랑과 믿음, 우정, 즐거움, 목표와 경험을 공유하고 나눌 대상이 필요하다. 숨김없이 친하게 사귄다는 뜻의 사자성어인 '간담상조肝膽相照'는 간과 쓸개를 꺼내서 서로 보여준다는 뜻이다. 그만큼 서로가 마음을 터놓고 진실하게 인간관계를 맺는다는 의미이다.

백아와 종자기의 고사도 관계의 소중함을 알려준다. 춘추 전국 시대의 백아는 거문고를 타는 사람이었는데, 자신의 연주를 깊이 이해해주는 종자기라는 친구가 있었다. 무엇을 연주하든 그 뜻을 헤아려주었는데, 나중에 종자기가 병으로 죽자, 백아는 거문고 줄을 끊어버리고 다시는 연주하지 않았다고 한다. 이처럼, 나를 알아주는 상대방과의 진실한 관계는 그 무엇보다 소중하다.

좋은 관계와 행복

좋은 관계는 행복에서 어떤 중요성을 지니는가? 에드 디너와 마틴 셀리그먼은 아주 행복한 사람들과 그보다 덜 행복한 사람들을 구분해서 차이점을 살펴보았다. 그 결과, 아주 행복한 사람들은 풍부하고 만족스러운 사회적 관계를 맺고 있었고, 덜 행복한 사람들은 그렇지 못했다. 즉, 친구와 가족, 연인과 함께 의미 있는 시간을 보낸다는 것은 행복의 필요조건이라는 점을 밝혔다.

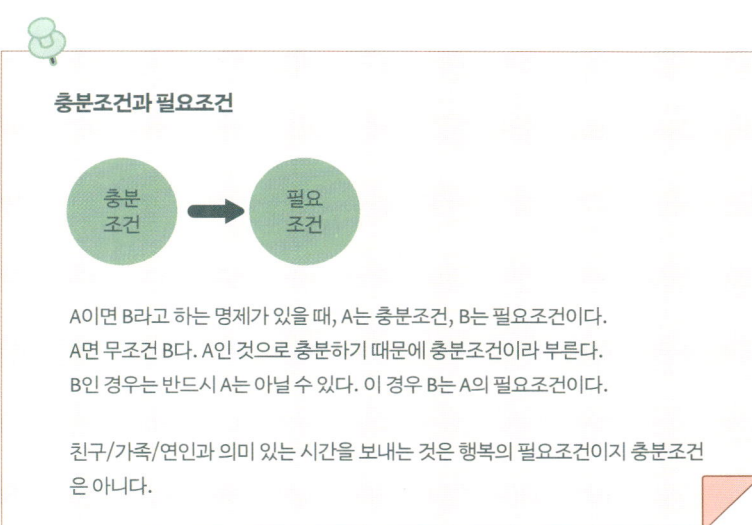

하버드대학교의 조지 베일런트 George Vaillant 교수는 성인 발달과 행복 연구 분야에서 저명한 학자인데, 하버드 성인 발달 연구 Harvard Study of Adult Development 4 라는 장기 연구 프로젝트를 통해 행복과 인간 발달에 관한 중요한 발견을 했다. 다름이 아니라, 사람들의 삶의 만족도와 행복에 가장 큰 영향을 미치는 요인은 양질의 인간관계라는 것이다. 사회적인 연결이 잘 형성되어 있으면 더 건강하고 오래 살았다. 베일런트 교수는 프로이트와 마찬가지로 인생에서 중요한

---

4   이 연구는 세계에서 가장 오래되고 포괄적인 연구 중 하나로, 인간의 행복과 건강에 대한 심층적인 이해를 제공하고자 1938년에 시작되어 약 80년 정도 지속되었다. 그 당시 하버드대학에 재학 중이던 남학생들과 (하버드대학이 위치한) 보스턴의 저소득층 가정 출신의 소년들이 추적 연구의 대상이 되었다.

두 가지 요소를 사랑과 일이라고 보았다. 그런데 물질적으로 성공하는 것보다도 정서적으로 안정되고 만족하며 좋은 인간관계를 가지는 것이 행복에 훨씬 더 큰 영향을 미친다는 것을 확인했다. 감사와 용서도 행복에 영향을 미치는 중요한 요소라고 밝혔다.

무조건적 사랑

무조건적 사랑은 부모 자식 간에, 또는 연인이나 부부간에 이상적인 사랑으로 이야기된다. 어떤 조건 때문에 사랑하는 것이 아니라 조건과 상관없이 사랑한다는 뜻이 내포되어 있다. 사람들의 기대도 이와 비슷하다. 돈이 많다거나(돈은 없어질 수 있다.), 외모가 뛰어나다거나(나이가 들면 외모도 축난다.), 무엇을 성취했다거나(다음에는 성취하지 못할 수도 있다.) 하는 조건은 모두 그 자체로 절대적인 것이 아니다. 가변적이고 영원히 유지되지 못한다. 따라서, 사람들은 사랑에 대한 희망 섞인 바람으로 나도 상대를, 상대도 나를 무조건적으로 사랑하기를 기대한다. '있는 그대로의 너와 나'를 사랑하고 싶다는 의미일 것이다.

있는 그대로를 사랑하려면, 있는 그대로가 어떠한지를 알아야 한다. 그래서 무조건적 사랑을 얻고자 한다면 상대방 앞에서 더 진실해질 용기가 필요하다.

사랑을 끌림이나 매료당함과 같은 느낌과 감정으로만 설명할 수는 없다. 매혹된 상태도 중요한 순간이지만, 그 상태만으로는 사랑이라는 감정을 유지해나가기 어렵다. 상대방에 대해 더 깊이 알아가면서 상대의 총체적인 자아와 만나야 한다. 자기 자신에 대해서도 마찬가지다. 상대방을 알아가고 나를 알리는 과정은 끝이 없다. 언제나 더 많이 알 수 있고 더 깊이 만날 수 있다. 이와 같은 자아의 교류를 위해서는 무엇보다도 진솔하게 자신을 드러내는 과정이 필요하다.

　상대방을 알고 싶으면, 나를 드러내 보여줘야 한다. 나는 드러내지 않고 상대방만을 알아볼 수는 없다. 어느 쪽이 먼저든지, 진실함의 순간을 열어야 상대방도 진실하게 나올 수 있다.

관계가 깊어진다는 것

진정으로 친밀한 관계가 되기 위해서는 두 가지가 필요하다.
　하나는, 진솔한 태도다. 상대방에게 인정을 받기 위해 무언가를 증명하거나 과시하는 것이 아닌, 진솔한 태도다. 증명이나 과시는 필연적으로 포장이 화려하다. 그런데 포장을 다 벗기고 나면 무엇이 남는가. 알맹이가 없다면, 포장은 헛짓이 된다.
　다른 하나는, 묻고 맞추어 가는 과정이다. 어떤 사람도 처음부터 딱딱 잘 맞을 수는 없다. 처음 연인 관계, 친구 관계를 시작할 때의 기쁨과 흥분 때문에 '우린 너무 잘 맞아.'라고 생각할 수는 있지만 사람은 누구나 다른 면과 예상치 못한 면, 이해하기 어려운 면을 가지고 있고 시간이 지나면 그러한 모습이 서로에게 발견될 것이다. 그래서 서로서로 묻고 맞춰 가는 과정이 필요하다. 일방적인 행동은 각자에게 오해의 소지를 제공한다. 인간관계는 상대방에게 맞춰 가는 연습 시간이 꼭 필요한 이인삼각二人三脚이다.

그렇게 보면, 사랑이란 결국 상대방을 알아가고 나에 대해 알려주는 여정이라고 할 수 있다. 그리고 그 사랑은 연인 간의 관계에서뿐 아니라, 친구 관계, 부모 자식 관계 등 모든 가까운 관계에 다 적용할 수 있다.

상대방에 대해서 우리는 잘 안다고 생각하기 쉽지만, 사실 잘 모르는 부분이 있다. 부모 자식 간에도 마찬가지 아닐까 싶다. 부모님을 잘 안다고 생각한다면, 부모님이 당신 나이 때에 어떤 꿈과 고민이 있었는지 아시냐고 질문을 해보라고 권하고 싶다.

상대방에 대해 모르는 부분이 있다고 인정하면, 그다음에는 이런 것이 필요하다.

- 상대방에게 물어볼 용기
- 묻는 능력
- 대답을 듣고자 하는 의지
- 내가 안다고 지레짐작하지 않기

이처럼 서로를 끊임없이 알아가는 과정에서 행복도 더 단단하게 자리 잡을 것이다.

앙리 드 툴루즈 로트레크 Henri de Toulouse Lautrec, 〈침대에서 In bed〉(1893)

로트레크는 침대에 누운 두 여인을 그렸다. 물랑루즈로 대표되는 화려한 파리의 뒤편에는 오늘 하루도 힘들었다며 서로를 위로하는 노동자들이 있었을 것이다. 진상 손님을 만났던 이야기나, 공연에서 음악이 제대로 맞지 않고 삐끗했던 것들, 몸이 이젠 예전 같지 않다는 것 이라든가 저녁 식사 메뉴가 맛있었다는 얘기 같은 시시콜콜한 이야기를 나눌 사람이 있어서 침대에 누운 이 시간은 위로가 되고 위안이 되는 것 아닐까.

사랑과 희생

사랑은 희생이라는 단어와도 굉장히 가깝다. 부모 자식 간, 연인, 부부간의 관계에서 사랑은 희생 없이 꽃피기 어렵다. 그렇다면, 사랑하는 관계에서 희생은 무엇인가?

희생은 본래 제사에서 산 제물로 바치는 행위 또는 제물이 되는 짐승을 일컫는 단어다. 오늘날에는 상대방을 위해 자신의 이익(시간, 재산, 명예, 또는 목숨에 이르기까지 가치 있는 모든 것이 해당됨)을 포기하거나 바치는 것을 말한다. 조직을 위한 희생이라든가 인류를 위한 희생과 같이 보다 큰 대상을 향한 희생도 있지만, 인간관계에서의 희생은 상대방을 위해 자신의 이익을 스스로 제한하는 것이다.

희생은 사랑의 궁극적 표현이라는 작자미상의 말도 있고, 희생은 더 나은 것을 위해 좋은 것을 포기하는 것이라는 말도 있다. 그런데 내가 희생했으니 너도 그에 상응하는 것을 돌려줘야 한다고 요구한다면, 이는 희생이라기보다는 장기적 관점의 투자라고 할 수 있다. 투자는 언제든 손해 볼 수 있으며, 투자의 책임은 투자자가 져야 하지 않겠는가.

희생이 투자가 되지 않고 진정한 사랑의 궁극적 표현이 되기 위해서는, 희생하는 사람이 이러한 결정은 자신이 선택한 것이라는 점을 확실하게 인지해야 한다. 자신의 선택임을 알지 못한다면, 시간이 흘렀을 때 상대방을 원망할 수도 있고 희생의 대가를 요구할 수도 있다. 선택의 주체가 자기 자신임을 잊어버리지 않는다면, 선택은 그 자체로 자신에게 완성된 것이며 이후의 결과가 상대방의 인정이나 보은이 아니라 하더라도 괜찮을 수 있다.

   행복은 상호 관련된다. 상대방이 소중해서 내가 어떤 선택을 했다면, 그 선택의 과정과 결과가 희생하는 측면이 있다 하더라도 얼마든지 기쁨과 즐거움, 의미를 가질 수 있다. 그리고 그러한 마음은 행복이라는 다른 이름으로 불릴 것이다.

더 큰 나눔을 생각하는 사람들

'끌림'이라는 이름의 청년 스타트업 기업이 있다. 서울대학교의 한 동아리에서 프로젝트로 시작해서 사업을 꾸준히 유지하고 있는 기업이다. 첫 출발은 이러하다. 이들은 우리나라에서 리어카를 끌면서 폐지를 줍는 노인들이 120만 명쯤 되고, 한 사람이 온종일 일해도 몇천 원밖에 벌지 못한다는 것을 알게 되었다. 그래서 일회성 기부도 좋지만 더욱 지속적인 도움이 될 수 있는 길을 모색하기 시작했다. 그 결과 나온 혁신적 아이디어가 무거운 리어카(70kg이나 된다고 한다.)를 가볍게(38kg으로 줄였다.) 개량하고 리어카의 측면에 기업으로부터 받은 광고를 부착한다는 것이다. 이를 통해서 폐지 수거인들은 추가 수입을 올리게 되었다. 한 달에 7만 원~10만 원의 추가 수입을 폐지로 환산하면 1.7톤~2톤 정도 된다. 더 나아가 이들은 폐지 수거인들이 지구환경을 지키는 자원순환의 일등 공신이며, 광고 사업도 함께 하는 광고인이라는 자긍심을 갖게 노력하고 있다. 이토록 멋진 아이디어로 새로운 사회적 가치를 창출하다니, 이들은 진정 함께 나누는 관계가 무엇인지 실천하는 사람들이구나 싶다.

행복 연습 1: 감사의 편지 쓰기

물질적으로 풍요롭고 비대면으로 거의 모든 것을 해결할 수 있는 편리한 시대에 살고 있어서 선물도 클릭 몇 번으로 쉽게 주고받을 수 있다. 그럴 때 잊을 수 없는 감동적인 선물은 다름 아닌 편지글이다. 편지는 간단해 보이지만, 쓰는 사람에게도 받는 사람에게도 모두 좋은 영향을 줄 수 있다. 특히 서로에게 감동이 되는 글은 다름 아닌 감사의 편지다.

심리학자들이 감사 편지의 효과를 알아보는 연구를 했는데, 8주 동안 일주일에 15분씩 감사 편지를 썼을 때 행복이 커질 뿐 아니라 연구가 끝난 다음에도 행복의 효과가 9개월이나 지속된다고 보고했다. 그러니 손 편지로 감사의 글을 써보지 않았다면, 지금 펜을 들어서 써보자. 어쩌면, 손 글씨를 너무 오랜만에 써서 어색할 수도 있다. 그렇지만 한 글자씩 써내려가다 보면 마음의 목소리를 글로 완성해 낼 수 있을 것이다. 짧은 카드 말고, 편지를 써보자. 쓰는 사람도, 받는 사람도 행복한 순간을 누리게 될 것이다.

행복 연습 2: 문장 완성하기

문장 완성하기 연습은 우리 안에 있는 생각을 정리해줄 계기가 된다. 머릿속으로 생각만 하는 것과 달리 실제로 문장을 완성하면 더 명료하게 우리 자신을 돌아볼 수 있다. 다음 문장을 완성해보자.

- 사랑한다는 것은 _____.
- 좋은 배우자가 되기 위해서는 _____.
- 마음을 표현하려면 _____.
- 상대방에게 실망했을 때는 _____.
- 나 자신이 보잘것없다고 여겨질 때는 _____.
- 우리가 함께 행복하기 위해서는 _____.
- 10년 뒤에도 우리에게 소중할 기억은 _____.

혹시 완성된 문장에서 주어가 '나'가 아니라 '상대방'이라면, 주어를 자기 자신으로 바꿔서 다시 완성해보자. 우리는 상대방을 당장 바꿀 수는 없어도 자신의 행동과 표현을 바꿀 수는 있다. 항상 기억해야 할 것은 바뀌지 않는 것을 '상수'로 취급하고 변화 가능한 것을 '변수'로 둬야 한다는 점이다. 변수 X에 무엇을 대입해서 어떤 것을 얻을지는 우리 자신에게 달려 있다.

5
성취와 일

언젠가 스페인 마드리드에 위치한 레이나 소피아 미술관에서 살바도르 달리Salvador Dalí가 그린 〈창가에 선 소녀Young woman at a window〉5 라는 작품을 본 적이 있다. 워낙에 초현실주의 화가로 유명한 달리인지라, 사실적으로 그려진 그 작품은 달리 그림이라고 하기엔 왠지 낯설었다. 잠시 그 작품을 바라보면서, 자기만의 화풍과 미술세계를 개척한 대가에게도 완수하고 지나가야 했던 평범한 표현의 시기가 존재했구나 싶었다. 하긴, 처음부터 자기만의 색깔을 내는 것이 어찌 가능하겠는가.

우리나라에는 유독 '언제까지 무엇을 해야 한다'거나, 걸어가는 진로가 비슷해야 한다는 선입견 혹은 고정관념이 있다. 나는 이러한 획일화 경향이 전쟁을 많이 겪은 세대가 지닌 특유의 불안감이 남아

---

5 이 작품은 달리가 스물한 살 때인 1925년, 자신의 여동생을 모델로 삼아 그린 그림이다.

서 영향을 미쳤기 때문일 것이라고 이해한다. 전쟁은 삶과 죽음의 문제이다. 그리고 그 이후에도 파괴된 땅에서 오랫동안 먹고사는 것에 대한 근원적 불안이 있었을 것이다. 그러다 보니 다른 사람들은 무엇을 하는지, 어떻게 사는지, 나와 같은지 다른지에 대해 관심을 둘 수밖에 없지 않았을까.

살아가면서 이루는 어떤 성취와 직업으로서의 자기 일은 행복의 큰 부분을 차지한다. 현대인의 다수는 일을 하는 사람, 호모 라보란스Homo laborans로 살고 있다. 직장에서 보내는 시간이 개인적으로 보내는 시간보다 압도적으로 많다. 개인 시간에서 수면 시간을 제외하면 특히 그러하다. 그러므로 일은 행복 구성요소로서 꽤 비중이 큰 셈이다.

직업의 의미

일이란 무엇인가? 일을 해야 하는 이유는 일반적으로 다음 세 가지다.

1. 생계유지
2. 일을 통한 자기실현
3. 사회적 기여 및 소속감

이 세 가지 목표 모두 직업 선택에서 중요한 요인들이다. 요즘 직업 선택에 고민이 많아졌다면 이 세 요인이 달성하기 어려워진 환경 때문이기도 하다. 첫 번째, 생계유지는 최저임금의 구현으로 어느 정도 해결 가능한 목표인데, 주거비와 식비를 포함한 생활 유지 비용이 상승하면서 상대적으로 생계를 유지하거나 원하는 삶의 수준에 도달하기가 어려워졌다. 두 번째, 일을 통한 자기실현은 자존심과 사회적 체면 등의 요소가 섞이면서 자기실현이라는 단어에 타인으로부터의 기대와 인정이 복합되었다는 점이 직업 선택을 어렵게 할 수 있다. 최근에 개인주의가 발달하면서 개인의 취향과 선택이 존중받는 분위기이지만, 가족중심주의 문화가 남아 있는 우리나라에서는 개인의 열정과 취향 못지않게 부모나 지인의 인정과 평가도 중요하게 작용한다. 세 번째, 사회적 기여와 소속감도 일을 하는 중요한 이유인데, IMF 사태 이후 계약직, 일용직, 기간제, 간접고용 등 비정규직 직무가 늘어나면서 소속감을 느끼기 어려워졌다. 또한, 직장 내의 대인관계 스트레스가 이직을 결심하는 원인이 되기도 한다.

직업은 누군가에게는 절실히 원해서 기꺼이 선택한 일이지만, 다른 누군가에게는 그저 힘들게 돈 버는 일일 뿐일 수도 있다. 일이 항상 즐겁거나 의미가 있을 수는 없다. 보람을 느낄 때도 있지만, 매 순간 그럴 수도 없다. 우리나라가 조금씩 개방되던 조선 후기에 선교사들이 들어와서 족구를 했다고 한다. 초여름날 땀을 뻘뻘 흘리면서 족구를 하니까 양반 한 분이 그 모습을 보면서 "허허, 그 참. 아니, 그렇게 힘든 일을 왜 직접 하시오? 그렇게 힘든 일은 저 아랫것들을 시키시오."라고 했다고 한다. 어쩌면 직업으로서의 일도 비슷하지 않을까 싶다. 힘든 것 없이 의미와 즐거움만 가지기는 어렵다.

프란체스코 바사노 Francesco Bassano the Younger, 〈여름Summer〉(1576)

여름은 농가에서 참 바쁜 시기다. 양털도 깎고, 밀도 수확해서 타작하고, 아이도 돌봐야 한다. 어린 아들은 일찍부터 양털 깎는 법을 배운다. 조금 더 크면 다른 일도 배워야 할 것이다. 몸은 고단하지만, 삶의 궤적이 혼란스럽지는 않다. 선택이 적으면 흔들릴 일도 적기 때문이다. 할아버지가 그랬고 아버지가 그랬듯 자신도 자연스럽게 주어진 길을 걸어갈 것이다.

자신의 커리어 선택

요즘은 대학에 진학할 때도 그 학과에 적합한 인재임을 어필하기 위해서 고등학교 시절에 구체적 진학 계획을 세우고 그에 맞는 교과목을 이수하고 진로 활동을 한다. 학생에 따라서는 어려서부터 앞으로 하고 싶은 것이 나름 분명한 경우도 있겠지만, 자신이 무엇을 하고 싶은지 천천히 알게 되는 경우도 있지 않을까?

얼마 전에 대학원을 졸업하고 앞으로 진로를 어떻게 해야 할지 고민이라면서 나에게 연락한 20대 중후반의 젊은이가 있었다. 나를 만나 진로에 관련한 조언을 듣고 싶다고 하길래, 만나기 전에 자신이 생각하는 진로와 장단점, 필요한 것들을 한번 쭉 적어서 이력서와 함께 보내 달라고 했다. 그걸 적으면서 본인의 생각도 좀 더 정리되기를 기대했다. 며칠 뒤, 내가 받은 글에는 그가 고민한 여러 종류의 진로와 각 진로의 장단점, 그러한 정보를 어디서 어떤 경로로 얻었는지, 자신의 바람과는 어느 만큼 합치되는지 등이 자세히 적혀 있었다. 내가 더 덧붙일 말이 없을 정도로 고민의 폭도 넓었고 정보와 자료를 수집한 수준도 꽤 농밀했다. 이렇게까지 많이 알고 준비했으면, 그다음은 그저 선택하고 그 길을 걸어가면 되는데, 무엇이 문제일까 생각해보았다. 답은 하나였다. 자신이 진정으로 무엇을 하고 싶은지 솔직하게 잘 모르겠다는 것이었다. 그가 쓴 글에도 그런 말이 있었다. A라는 길을 선택할까 생각하는데, 자신이 그 길을 진정으로 원하는지는 확신이 없다고 말이다.

아하, 당연히 그럴 수 있다. 이만큼 많이 알아봤다는 것은 준비성이 철저하고 신중하다는 것이지만 다른 말로는 자기 선택에 묵직한 확신이 없기 때문에 흔들리는 것이기도 하다. 그런데 어쩐다, 자신이 진정 무엇을 원하는지는 그 길을 선택하고 어느 정도 걸어가 보기 전까지는 알 수 없고, 판단할 수도 없는 것을.

며칠 뒤에 직접 만났을 때는 다행히 그 친구의 생각이 한결 정리된 모습이었다. 나는 그 친구의 진로 선택 과정에 대한 이야기를 듣고 그의 결정을 지지해주며 용기를 북돋워주기만 하면 되었다.

성취하고자 하는 것이 있을 때, 진로를 정할 때, 커리어를 선택할 때, 사람들은 항상 목표를 세우게 된다. 그런데 어떤 목표를 세우냐 하는 점이 행복에 크게 영향을 미친다. 크게 두 종류의 목표가 있다.

1. 외재적 목표 extrinsic goals

외재적 목표는 외부의 보상이나 결과를 얻기 위해 설정된 목표이다. 주로 물질적 보상이나 사회적인 인정(예: 명성, 명예, 지위), 외부의 압력(예: 부모님의 기대) 등에 의해 동기가 부여된다.

2. 내재적 목표 intrinsic goals

내재적 목표는 활동 자체에서 오는 개인의 만족과 성취감, 자아실현, 자기 계발 등을 위해 설정된 목표이다. 이 목표는 개인의 관심사나 가치관에 의해 동기가 부여된다.

이 두 종류의 목표 중 어떤 목표를 추구하느냐에 따라 개인이 경험하는 행복이 크게 영향을 받는다. 내재적 목표를 추구하는 사람이 일반적으로 더 높은 수준의 행복과 만족감을 경험한다. 자기결정이론Self-determination theory을 만든 에드워드 데시Edward Deci와 리처드 라이언Richard Ryan은 내재적 목표를 가지는 것이 심리적인 건강과 행복에 긍정적인 영향을 미친다고 밝혔다. 이 이론에서 사람들은 세 가지 기본적인 심리적 욕구인 자율성, 유능성, 관계성을 가지고 있다고 설명한다. 내재적 목표를 설정하고 추구하는 것은 그러한 기본적인 심리적 욕구를 충족시켜 주기 때문에 보다 만족스러운 경험을 하게 되고 행복감이 증대된다.

직업인으로 행복하기

직장에서 행복하냐고 누군가 질문한다면 아마도 대부분의 직장인은 긍정적으로 대답하기가 어려울 것이다.(물론 1장에서 '나는 행복한가'라고 질문하지 말라고 하긴 했다.) 솔직히 말해서 힘들고 어려울 때가 더 많을 것이다. 누군가는 남들이 부러워하는 직장에서 높은 연봉을 받으며 일한다. 그런데 고강도의 스트레스를 견디는 바쁜 직장생활에 지쳐서 행복감을 상실한 지 오래되었을 수 있다. 사회적으로 존경받고 부러움을 사는 직종에 종사하지만, 개인 시간이 거의 없을 정도로 일에 매여서 사는 사람도 마찬가지이다. 또 다른 경우는, 최저시급을 받으며 일을 하는데, 몸과 마음이 지쳐서 행복이라는 단어는 멀리 동떨어진 나라의 말처럼 느껴지는 경우도 있다.

　이처럼 현재 자기 일에 만족하지 못하는 사람들이 자기 일에서 떠나거나 다른 선택을 하지 못하는 이유는 무엇인가? 지금 하는 일 외에 다른 선택이 전혀 없기 때문인가? 일 자체만으로도 힘들고 어려울 때가 있는데 이 일과 관련한 인간관계에서도 스트레스를 받는 것이 다반사이다. 그렇다면 행복하지 않은데 당장 그만둬야 하는가?

　다음과 같이 자신에게 질문해 볼 수 있다.

- 나는 지금 하는 일과 이 직장에서 만족감이나 의미를 느끼는가?
- 어떻게 하면 조금 더 행복해질 수 있을까?
- 지금 하는 일을 그만두고 다른 일을 찾을 수 있을까?

　일단 옮기든 아니든, 기본적인 전제에서 고려할 점은 다음과 같다.

- 특정 직업인이 되는 것이 아니라, 선택한 일에 애정을 가지고 의미를 찾는 것이 중요하다.
- 진로는 바뀔 수 있다. 그것을 찾아가는 것이 인생이다.
- 내 관심사와 일에서의 즐거움, 깊이 몰입하는 것 등이 동반될 때, 나의 능력이 최대로 발휘될 수 있다.

　만약 직장의 근무조건이 부당하거나 여러모로 자신을 피폐하게 만든다는 판단이 든다면 직장을 옮기는 것을 진지하게 고려해보아야 한다. 자기 자신보다 더 소중한 것은 없기 때문이다. 적절한 일과 적절한 근무조건을 찾는 것은 일을 하는 호모 라보란스, 우리 모두에게 닥친 과제이다.

직장을 옮기는 선택

현재의 직장이 완벽하지 않더라도 충분히 좋은 선택지일 수 있다. 혹은 현재 직장은 차악이지만, 다른 대안이 없을 수도 있다. 그렇지만, 월급 이외에 다른 의미가 없는 직장이라면, 어쩌면 변화가 필요한 순간일 것이다. 미래학자인 대니얼 핑크Daniel Pink는 『후회의 재발견』에서 네 가지 종류의 후회를 소개했는데, 그중 하나가 대담성 후회 Boldness regrets이다. 좀 더 대담하게 용기를 내서 해봤으면 좋았을 것을, 그러지 못했음을 후회한다는 것이다.

변화를 만드는 것은 항상 우리 안에 있는 두려움을 자극한다. 내가 하는 일에서 작더라도 의미와 재미를 발견해 나가는 변화를 만들거나, 혹은 다른 일을 선택함으로써 행복을 추구해 나가는 여정을 이어가야 할 것이다.

변화는 거시적 수준이나 미시적 수준에서 이루어질 수 있다. 둘 다 용기가 필요한 일이기는 하다. 거시적 수준의 변화를 위한 질문은 '내가 진정 바라는 것은 무엇일까'이다. 이에 대한 답은 자기 자신만이 할 수 있다. 진정 바라는 것에 대한 답변이 어느 정도 이루어졌다면, 변화가 크게 일어날 수 있다. 직장을 그만두고 휴지기를 가진다든가, 사는 곳을 옮긴다든가 하는 등이다. 하기 전에는 도저히 불가능해 보이지만, 막상 해보면 또 해낼 만하지 않을까.

　미시적 수준의 변화를 위한 질문은 '오늘 하루를 어떻게 보낼까'이다. 직장 생활에서의 열정과 즐거움을 회복하기 위해서 삶의 일부분을 조금씩 바꿔볼 수 있다. 간접적인 방식이지만, 일주일에 반나절씩 자신이 좋아하는 활동을 하는 것도 도움이 될 것이다. 중요한 것은 이 두 종류의 질문을 스스로에게 던지고 질문에 진솔하게 답변하는 용기이다.

　세상에는 참 많은 꽃이 있으며, 꽃마다 피는 시기가 다르다. 일괄적으로 동일한 시기에 피지 않는다. 사람들의 삶도 마찬가지여서, 각자의 꽃을 피워나가는 시기가 다 다르다.
　만약 꽃을 서로 비교하기 시작하면, '왜 벚꽃은 피었는데, 국화는 아직 피지 않았는가?'와 같은 터무니없는 말을 할 것이다. 각자의 향기가 있고 각자의 길이 있다.

3부

행복의 특징

*

시간과 공간은 우리가 어디에 있는지, 어디로 가는지 보여주는 좌표다.
시공간에 대한 인식은 건강한 정신을 소유하고 있음을 보여주는 지표기도 하다.
정신병원에서 환자의 상태를 확인할 때 시공간에 대한 오리엔테이션(여기가 어디인지,
오늘이 며칠인지 혹은 무슨 계절인지 등)이 있는지를 본다. 그만큼 시공간은 중요하다.
만약 행복의 시간과 공간을 이해할 수 있다면,
우리가 그러한 시공간으로 끝없는 모험과 발견의 여정을 소화할 수 있지 않을까?
그러한 기대로 3부에서는 행복의 시간, 속도, 공간, 영향력을 차례로 살펴보기로 한다.

1
행복의 시간

우리나라는 사계절이 뚜렷하다. 요즘은 여름이 좀 더 길어지고 봄과 가을이 짧아진 듯하지만, 그래도 봄, 여름, 가을, 겨울의 사계절이 있는 것은 확실하다. 가장 좋아하는 계절을 물으면 대체로 봄과 가을이 인기를 끈다. 물론 여름이나 겨울을 선호한다는 사람들도 있다. 재미난 사실은, 누구나 자신이 좋아하는 계절이 유독 짧다고 느낀다는 점이다. 심지어 여름이 이렇게 길어져서 우리나라 기후가 아열대성으로 바뀌고 있다는 말이 나오는데도, 여름을 가장 좋아하는 사람들은 여름이 짧다고 말한다.

아마도 좋아하는 계절을 오래오래 누리고 싶은 바람에서 그렇게 느끼지 않나 싶다. 좋은 시간은 항상 짧게 느껴진다. 시간과 공간이 관측자에 따라서 상대적이라는 것은, 아인슈타인의 상대성 이론이 아니더라도 경험에서 발견할 수 있다. 주말이 유독 짧게 느껴진다든

모리스 드니 Maurice Denis, 〈4월 April〉(1892)

그림 속 젊은 여인들이 꽃을 고르고 꺾어 모으고 있다. 짧은 4월, 꽃 피는 시기는 짧다. 지나고 돌아보면 여인의 젊음도 그러하다. 그런 까닭에 지금-현재라는 시간은 한층 아름답고 귀하다. 남은 날들 중에서 가장 젊은 하루 아니겠는가.

가, 월요일은 항상 길게 느껴지니 말이다.

    그렇다면, 행복의 시간은 짧을 수밖에 없는 것 아닐까? 행복의 시간이 짧다는 것은 너무도 아쉬운 일이다. 그러나 어쩌랴. 상대성 이론을 원망할 수도 없으니, 수용하고 받아들일 수밖에. 행복은 짧다. 그렇게 짧게 유지되는 행복을 아름답게 보내주고 그다음에 찾아올 새로운 행복을 반갑게 맞이해야 한다.

행복의 지속시간

행복을 감정과 인지 두 요소로 생각했을 때, 기쁨이라는 감정 상태로 느끼는 행복은 지속시간이 상대적으로 짧고, 만족이라는 인지적 평가로 경험하는 행복은 상대적으로 긴 편이다.

    행복은 대체로 지속시간이 길지 않지만, 그 안에서 다시 단기, 중기, 장기로 나누어 살펴보자. 짧은 행복은 일시적인 이벤트라든가 강렬한 절정 경험 peak experience이 있을 때 경험한다. 이보다 더 길게 지속되는 행복은 주요 생활 사건으로 인한 것이다. 삶에서 큰 변화를 가져오는 주요 생활 사건은 그 영향력이 지속적이기 때문에 해당 변화로 인한 행복도 어느 정도 오래 지속될 수 있다. (물론 영구적이지는 않다.) 가장 오래 지속되는 장기적 행복은 그 사람의 성격과 생활 습관, 태도로부터 나온다. 이를 설정값 이론 set point theory으로 이해할 수 있다.

    설정값 이론에서는 유전적이거나 개인적인 요인에 의해 사람들마다 거의 항상 일정하게 유지되는 특정 행복 수준이 있다고 본다. 간혹 삶에서 꽤 좋은 일이 발생하거나 절정 경험을 한다 하더라도 그것은 일시적이며 얼마 지나지 않아 원래 느끼던 행복의 기저선 수준으로 돌아간다. 마찬가지로 삶에서 안 좋은 일이 발생하거나 뭔가에 실패하고 좌절한다 하더라도 그 시기를 딛고 일어설 수 있으며 시간이 흐르면 원래 느끼던 행복의 수준으로 되돌아갈 것이다.

그렇다면 이렇게 설정된 행복 수준은 변화 불가능한 것일까? 그럴 수도 있겠지만, 인류의 역사를 돌아보면 변화 불가능한 것으로 여겨지던 것을 변화시킨 예는 항상 존재해 왔다. 라이트 형제 시대에 살았던 사람들에게는 오늘날 주요 교통수단이 된 비행기가 그럴 것이고, 페스트가 유행하는 유럽에 있었던 사람들에게는 병원에 가면 항생제를 처방받을 수 있다는 사실이 그럴 것이다. 소아마비도 불과 백 년 전까지는 치료 방법이 없는 무서운 병이었는데, 우리나라의 소아마비는 박멸되었다고 선포된 지 20년이 넘었다. 이 모든 변화의 역사를 살펴보면 우리는 행복 수준의 변화에도 희망을 걸 수 있을 것 같다. 행복에 대해 조금 더 깊이 이해하고 행복 능력을 키우다 보면 설정값을 바꿀 수 있을지도 모른다.

행복의 지속시간에 대해 생각할 때 고려해야 할 또 다른 현상은 '쾌락 적응Hedonic adaptation'[1]이다. 쾌락 적응은 사람들이 즐거운 경험에 대해 처음에는 강하게 반응을 보이지만 시간이 지나면서 그러한 즐거움에 익숙해지고 더 이상 강한 반응을 보이지 않게 되는 현상을 말한다. 쾌락에 감각적 만족이 있다는 점을 고려하면, 지속적인 감각에 적응해서 반응이 줄어드는 것은 쉽게 이해할 수 있다.

결국 행복의 시간은 짧다는 것이 전반적인 결론이다. 독자들은 이 책의 앞에서 행복의 지속시간보다 빈도가 더 중요하다고 말한 것을 기억할 것이다. 쾌락 적응 현상을 감안하면, 우리는 빈도에 다양성을 결합하는 것을 고려해야 한다. 혹은 낯설게 하기[2] 기법을 우리 삶에 적용해서, 삶을 대하는 우리 눈을 새롭게 열어보는 것은 어떨까.

행복 타임 테이블

행복하다고 느끼거나 생각하는 것은 경험하는 것이므로 행복의 시제는 항상 현재다. 다만, 그 경험의 내용을 살펴보면 종종 과거나 미래에 초점이 있다.

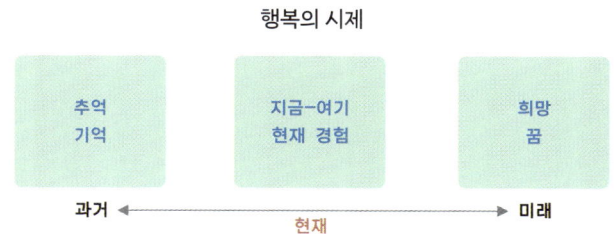

우리는 과거를 떠올리며 행복에 잠기곤 한다. 지나온 과거의 순간을 떠올리고 그때를 다시 음미하면서 추억에 젖는다. 기억 속의 과거

---

1 쾌락 적응은 1971년 브릭먼Brickman과 캠벨Campbell이 쾌락 쳇바퀴hedonic treadmill라는 표현으로 처음 소개하였다.
2 낯설게 하기는 5부 2장 '여가와 행복'에서 소개하였다.

는 누구에게나 약간씩 각색이 이루어지고 현재의 바람과 소망대로 윤색되기 때문에, 과거 추억은 항상 아름답고 아련하다. 이를테면, 여행을 다녀왔을 때 추억 속의 여행 기억은 신선함과 경이로움, 느긋함과 여유, 즐거움과 웃음으로 남아 있다. 예상치 못한 난관에 부딪혀서 쩔쩔맸던 기억까지 되돌아볼 때는 재미있었던 일화가 되니 말이다. 추억이 많은 사람이 진정한 부자라고 하는데, 하나씩 꺼내 볼 추억은 마치 향이 다른 꽃처럼 즐거움을 준다.

미래를 향한 마음은 어떤가. 미래에 대한 희망으로 앞으로 이루어질 일과 변화에 대한 꿈을 꾼다. 미래를 계획하며 설레는 마음을 가지기도 한다. 기대할 미래가 없으면 건조하고 쓸쓸하다. 미래를 꿈꿀 수 있다면 설레는 행복으로 충만하지 않을까.

이처럼 행복의 내용은 과거와 미래를 아우르고 있다. 과거의 추억은 현재에 생각하고 음미하는 것이며, 미래의 계획도 그 미래를 현재에 준비하는 것이다. 그러므로 마음의 시간여행을 할 때도 행복의 시제는 언제나 현재형임을 잊지 말아야 한다.

과거 여행을 위한 팁

과거를 떠올리며 추억에 잠길 때, 마음이 건강하고 행복한 상태가 되기 위해서는 몇 가지 조건이 있다. 첫째는, 떠올리는 과거 추억의 종류다. 둘째는 과거 추억의 개수다. 셋째는 과거 추억의 경과시간이다. 추억의 종류가 한 가지이면서 개수도 적고 오래전의 추억이라면,

어쩌면 추억을 떠올리고 즐기는 향유가 아니라 집착이나 미련의 형태일 수 있다. 현재나 미래의 무게가 충분하지 않으면, 마음은 과거에 기울어지기 마련이다. 이때 늘 떠올리는 한두 가지 종류의 아주 오래된 추억만 곱씹는다면 현재의 불행과 불만을 가려주는 가림막으로 과거의 행복을 사용하는 것이다. 단점은, 추억 곱씹기가 끝나면 지금이 더욱 불행하게 느껴지는 대조효과가 있다. 그러므로 추억 여행을 한 곳으로만 가지 말고, 다양한 행선지를 찾도록 노력해야 한다. 추억의 개수와 종류, 경과시간을 다양하게 구성하는 게 좋다.

미래 여행을 위한 팁

우리는 미래를 계획하면서 행복을 느낀다. 간혹, 행복을 미래로 유보하기도 한다. 이 경우는 꿈꾸는 어떤 일을 성취하거나 조건을 충족시키면 행복해질 것이라고 가정하는 것이다. 미래를 바라보며 행복을 누리기 위해서는 첫째로, 미래와 현재 간의 연결성을 잘 보아야 한다. 과정과 결과 모두를 소중하게 여길 수 있을 때 미래의 희망은 우리에게 현재의 행복을 선사한다. 현재는 힘들고 불행하면서 미래의 어느 지점부터 영원히 행복해지는 마법은 없다. 행복의 시간은 언제나 현재와 연결해서 바라봐야 한다.

　미래를 생각하며 행복을 누리기 위한 두 번째 방법은, 미리 걱정하고 염려하지 않아야 한다는 것이다. 걱정과 염려가 많은 사람은 약간의 실패나 실수도 크게 받아들인다. 그런데 삶이 실패나 실수 없이 진행될 수 있는가. 생화는 시드는 부분이 생기지만, 조화는 시든 부분이 전혀 없다. 삶이 진짜라면 시들거나 상한 부분도 필연적으로 생긴다. 그렇게 받아들이면, 걱정과 염려도 별것 아닐 수 있다.

우리 안의 지혜로운 노인

현재의 내 선택과 삶에 대해 조언을 얻고 싶다면, 우리 안의 지혜로운 노인과 만나는 방법을 추천한다. 눈을 감고 자신의 나이가 100세라고 상상해보자. 100세가 된 내가 젊은 시절을 되돌아본다. 그리고 젊은 나를 만나서 그동안 삶에서 얻은 지혜로 조언을 한다면, 지금의 나에게 어떤 말을 하게 될까?

누구에게나 어린아이 같은 면도 있고, 어른스럽고 성숙한 면도 있다. 철부지 같은 생각도 하고, 지혜롭고 성숙한 깨달음도 지니고 있다. 어쩌면 우리 안에는 '현명한 노인'으로서의 내가 살고 있는지도 모른다.

상상 속의 시간 여행을 하면, 대부분 상반된 두 가지 종류의 깨달음을 얻는다. 하나는 인생이 덧없다는 것이다. 지금 고민하고 아등바등하는 일도 지나고 나면 그렇게 중요하지 않은 일이 될 수 있다. 사실 많은 일이 그렇게 지나가지 않았던가. 초등학교 시절에 중요하던 것들, 사춘기 때에 중요하던 것들을 떠올려보면 쉽게 이해할 수 있다. 다른 하나는 인생이 소중하다는 것이다. 삶은 한 번뿐이고, 어떤 일을 겪든 어떤 상황에 놓이든 여전히 하나밖에 없는 인생이다. 그리고 그러한 삶의 소중함은 현재에 충분히 느낄 수 있다.

100세라는 상상 속 시간 여행을 했을 때, 현재의 자신에게 보내는 격려와 조언은 삶에서의 우선순위와 가치를 잘 붙잡으라는 말이 될 것이다. 자기 삶에서 가장 중요한 것, 그것이 스스로 선택한 우선순위다. 지금 중요하다고 생각하는 것이 미래에도 여전히 의미와 가치를 지닐 것인지 생각해볼 수 있다. 그리고 현재 자신의 가치를 평가절하하고 있다면, 미래의 시각에서는 균형 잡힌 평가를 해줄 수 있다. 예를 들어, 50대 중반이 된 A씨가 자신은 이미 늙어서 새로운 시도를 할 수 없다고 한탄한다고 하자. 그가 상상 속 시간여행을 한다면, 50대 중반이란 나이가 얼마나 젊은 나이인지 깨달을 것이다.

2
행복의 속도

우리 앞에 아주 귀한 와인이 한 병 있다고 상상해보자. 이 와인을 5분 만에 다 비울 것인가? 아니면 천천히 음미하면서 마실 것인가? 귀한 것일수록 그것을 진정으로 향유하기 위해서는 시간이 필요하다. 의식ritual이 필요한 이유이기도 하다.

우리나라에 차를 마시는 다도 문화가 있는 것처럼, 커피의 고향이라 불리는 아프리카 에티오피아에는 커피 세리머니, 분나 마프라트가 있다. 꽃과 나뭇잎을 뿌려놓는 것으로 시작되는 이 의식은 느리고 길게 진행된다. 향을 피우고 커피콩을 씻어 볶은 다음, 함께 향을 즐기면서 절구에 찧고, 주전자에 물을 끓여 커피 가루를 넣는다. 커피가 완성되면 먼저 대지에 감사를 표하는 의미로 조금 따른 뒤, 나누어 마실 잔에 따른다. 보통 석 잔까지 마시며 세 번째 잔이 축복을 준다고 한다. 그들의 속도는 이렇듯 우리와 참 많이 다르다.

행복이 줄어드는 이유

너무 바쁘고 복잡하면 행복이 스며들 여지가 없다. 분주하고 급박한 삶에서는 행복이 줄어든다. 그리고 너무 많은 일에 시간과 관심을 쏟으면 현재에 충실할 수 있는 능력이 감소하고, 자신의 경험을 평가하고 즐기는 능력도 감소한다. 결국, 개인이 주관적으로 느끼는 시간의 부족은 우리 사회 전반에서 우울증이 늘어나는 이유일지도 모른다.

시간에 쫓기는 사람들의 특징은 이러하다. 첫째, 시간이 부족하다고 느끼기 때문에 끊임없이 스트레스를 받는다. 둘째, 일에 쫓기고 과로하며 종종 자신이 뒤떨어져 있다고 느낀다. 셋째, 그러면서도 어떤 제안이 들어왔을 때 쉽게 거절하지 못하고 모든 일을 다 하려고 한다. 시간이라는 포식자 앞에서 그저 살기 위해서 쫓겨 다니는 삶을 선택한다면, 느끼고 누리는 행복은 점점 줄어들 수밖에 없다.

한국인의 시간 개념

우리나라 사람들의 시간 개념에는 몇 가지 특징이 있다. 우선 신속성과 효율을 중시한다. 우리나라만큼 일 처리가 빠른 나라도 드물다. 해외 여행을 다니는 사람들이 많아지면서, 외국 공항의 입출국을 비롯해서 관공서의 일 처리를 경험해 본 사람들은 우리나라만큼 신속하고 정확하게 일 처리를 잘하는 곳이 없다고 한결같이 말한다. 한때 코리안 타임(약속 시간을 잘 지키지 않고 지각하는 한국인의 특성을 일컫는 말)이라는 용어도 있었지만, 이제는 사적인 모임뿐 아니라 공공 교통기관의 출도착 시간까지도 정확하게 알려주는 것을 일상으로 받아들이고 있다.

과거부터 널리 알려진 한국인의 시간 개념의 특성 중 하나는 '빨리빨리' 문화다. 이는 일상생활에서부터 개인의 미래 계획, 기업과 관공서의 일 처리, 정부의 계획과 수행, 평가에 이르기까지 다양하게 나타난다. 빨리빨리 문화는 우리나라의 급격한 경제 성장과 관련이 있다. 1960년대부터 시작된 고도 경제 성장기 동안 빠르게 산업화와 도시화가 진행되면서 효율성과 속도를 우선순위에 두게 되었다. 오죽하면, 식당에 들어가서도 앉자마자 주문하고 바로 음식이 나오기를 기대하기에 이르렀다. 빨리빨리 문화는 경쟁이 일상화된 삶에서 직장 생활은 말할 것도 없고 일상생활에서조차도 시간의 압박을 받고 있다는 것을 보여준다.

빨리빨리 문화의 긍정적 측면은 기술발전, 교육시스템, 대중교통 등 다양한 분야에서 빠른 변화가 가능했다는 점이다. 현대적이고 효율적인 사회를 구축할 수 있었던 원동력이 바로 신속함을 강조하는 문화 덕분이었다. 그에 비해 부정적인 영향도 무시할 수 없다. 무엇보다도 지속적인 신속함과 시간 압박으로 인해 개인과 사회에 높은 스트레스가 가해진다. 시간 압박은 그 자체로 스트레스가 될 수 있기 때문이다. 그리고 일 처리를 빠르게 하다 보니 실수가 생기거나 품질이 저하될 가능성이 높아졌다. 또한, 속도 경쟁으로 인해 여유와 배려가 부족해졌다.

시간의 빈곤 vs 시간의 풍요

참 이상한 일이다. 시간은 누구에게나 공평하게 하루 24시간이다. 그런데도 시간이 빈곤한 사람이 있고 풍요로운 사람이 있다. 시간을 사용하는 사람이 시간에 끌려다니는지 혹은 시간을 주체적으로 이끌고 가는지에 따라서 시간의 빈곤과 풍요를 나누어 생각할 수 있다. 전자는 처리해야 할 일이 많거나 마음이 복잡해서 늘 시간에 쫓기며 서두른다. 후자는 급하게 서두르는 느낌 없이 충실하게 삶을 경험할 수 있는 시간을 가지는 이상적인 상태다.

시간의 빈곤을 겪는 사람들은 항상 마음이 급하다. 그래서 어린 시절부터 빨리빨리 뭔가를 성취해야 한다는 압박에 시달린다. 선행학습 같은 공부 패턴이 과연 전 세계의 보편적인 현상일까? 빨리빨리 공부하고 졸업하고 자격증 따고 또 빨리 취직하고 승진하고, 그렇게 빨리 뛰어간 인생의 종착점은 무엇일까?

천천히 살지 못하는 삶에서는 과정의 의미가 희석되기 때문에 구체적 성과가 없는 일은 종종 즐겁지 않게 느껴진다. 예를 들어, 자녀를 양육할 때 자녀와 보내는 시간이 그렇게 느껴질 수 있다. 시간 압박을 받는 사람에게 자녀와 보내는 시간을 즐기냐고 물으면, 캠핑을 간다든가 유원지, 동물원 등에 자녀를 데리고 가는 것과 같은 특별한 이벤트를 떠올리고 즐긴다고 답한다. 그런데 그저 일상생활에서 자녀와 시간을 보내는 것은 어떠한가? 아이들은 끊임없이 질문하고 엄마와 아빠를 찾고 자신들의 놀이에 부모를 초대한다. 해야 할 일이 많은 부모에게는 그러한 질문과 이야기가 구체적 성과가 없는 것이므로 방해 혹은 시간 낭비로 느껴지기까지 한다.

그에 비해 시간을 풍요롭게 사용하는 사람은 일과 삶에서 균형을 유지한다. 워라밸work-life balance은 행복한 삶을 위해 꼭 필요한 부분이다. 오늘날 중요한 것은, 시간 사용에서 양보다는 질을 우선해야 한다는 점, 중요한 가치 사이에 균형을 잡아야 한다는 점이다. 기존의 우리 사회가 빠른 속도와 생산성 중심의 가치와 문화에 중점을 두었다면, 이제는 그 초점을 균형 잡힌 충만한 삶 중심으로 이동해야 할 때이다.

로마의 철학자였던 세네카Seneca는 우리에게 주어진 시간이 짧은 것이 아니라, 우리가 짧게 만들고 낭비한 것이라고 말했다. 시간이 눈에 보이지 않으니 값어치가 없는 것처럼 흘려보내지만, 죽음의 문턱에 들어서면 살려달라고 아우성을 치게 된다고 했다. 진정 맞는 말이다. 삶에서 온전히 우리의 시간을 느끼고 누리며 사용하는 것이야말로 시간의 풍요를 누리는 자세일 것이다.

워라밸의 훼방꾼, 꾸물거림

시간 압박과 '빨리빨리' 문화가 낳은 뜻밖의 결과는 꾸물거림이다. 꾸물거림은 해야 할 일을 마감 시간까지 불필요하게 계속 미루는 행동이다. 일반적 꾸물거림과 학업적 꾸물거림의 두 종류로 나누어 볼 수 있는데, 전자는 일상생활 속에서 계획된 것을 진행하는 데 어려움을 겪는 것이다. 후자는 학업 관련 과제를 계속 미룸으로써 불안을 경험하는 경우다. 꾸물거림은 대체로 부정적인 영향을 끼치는데, 내면적으로는 비합리성, 후회, 자기 비난이 증가하고 외면적으로는 해야 할 일의 수행에 지장을 초래하고 앞으로의 기회를 상실하거나 대인관계에 부정적 영향을 미친다. 간혹, 꾸물거림의 장점을 이야기하기도 한다. 시간을 압축해서 사용할 수 있으므로 창의성과 효율이 향상된다든가, 고도로 집중해서 일 처리를 할 수 있고 불필요한 일을 쉽게 쳐낼 수 있다는 것이다. 물론 사람마다 개인차가 있으니, 일부러 일 처리를 하지 않고 있다가 마감 시한이 다 되어서 완전히 몰입하고 집중해서 일을 해내는 사람들도 있을 것이다. 그러나 대체로 꾸물거림은 스트레스와 불안을 증가시키고 일의 품질도 떨어뜨린다.

최근의 심리학 연구에서 관심 주제로 다루어지는 것은 '취침 시간 꾸물거림bedtime procrastination'이다. 지금 시간이면 잠을 자야 하는 것을 알면서도 주로 침대에 누워서 인터넷을 한다든가 영상매체를 보면서 잠드는 시간을 미루는 행동이다. 자기 개인 시간이 부족했다고 느끼는 사람일수록, 취침 시간 꾸물거림을 통해 개인적 취미 활동(기껏해야 핸드폰으로 인터넷 검색을 하는 것이라 하더라도 말이다.)을 하면서 일하느라 보낸 시간에 대해 심리적인 보상을 받고자 한다. 그런데 이 행동은 수면의 양과 질을 떨어뜨리기 때문에 피로와 스트레스, 일 처리 능력의 저하로 이어지고 결국에는 개인 시간이 더 줄어드는 악순환을 가져온다. 워라밸을 지키려고 취침 시간을 미루거나 수면을 줄이는 것은 어리석은 일이다. 삶은 100m 단거리 경주가 아니라, 아주 긴 장거리 마라톤이기 때문이다.

천천히 가는 연습

삶에서의 속도를 어떻게 관리해야 하는지 살펴보면, 지혜로운 사람들은 다음과 같이 조언한다. 공자는 '얼마나 천천히 가는지는 중요하지 않다. 당신이 멈추지 않는 한.'이라고 말하면서 속도보다는 꾸준함과 일관된 자세를 역설했다. 로마의 황제였던 아우구스투스는 재미있는 표현을 사용했는데, '천천히 서두르다Festina lente'라는 말을 썼다고 한다. 신속하면서도 신중하게 행동하는 것에 대한 당부라 할 수 있다. 너무 서두르면 크게 낭비가 되며(벤저민 프랭클린), 삶에는 속도를 높이는 것보다 더 중요한 것이 있다(마하트마 간디).

요즘에도 여러 저명 인사가 조급함을 내려놓고 속도를 잘 조절하라고 조언한다. 미국의 배우 겸 가수인 에디 캔터Eddie Cantor는 속도를 줄이고 인생을 즐기라고 당부했다. 빨리 가다 보면 주변 경관만 놓치는 것이 아니라, 어디로 왜 가는지도 모르고 가게 된다고 했다. 20세기의 철학자이자 노벨 문학상을 받은 버트런드 러셀Bertrand Russell은 『행복의 정복』에서 경쟁의 철학에 오염된 세상을 비판한다. 사업가들이 '생존 경쟁'이라며 성공을 위한 경쟁을 하는데, 그들은 일하는 동안 마치 100m 경주에 나선 사람처럼 달린다. 러셀은 그 사람들의 경주의 목적지는 무덤이라고 지적하며 성공 경쟁을 위해 희생하고 포기한 것들을 돌아보라고 한다.

스페인에, 천천히 가는 사람이 멀리 간다는 속담이 있다. 그렇잖아도 우리 인생의 기대 수명은 50년 전, 100년 전에 비해 아주 많이 길어졌다. 그렇게 멀리 가려면 빠르게만 갈 것이 아니라 조금은 천천

펠릭스 바이유툰Félix Vallotton, 〈물가에서 잠자는 벌거벗은 여인Naked woman sleeping by the water〉(1926)

붉은 천을 베개 삼아 누운 여인은 어떤 꿈을 청하고 있을까. 등 밑에 손을 넣고 무릎도 세우고 있는 것을 보니 아직 깊게 잠이 든 것은 아닌 듯하다. 발도 살짝 들려 있는 듯하고. 그녀는 잠을 자면서도 긴장하고 있는지도 모르겠다. 저 멀리 강에서는 조정 경기에 나가는 사람들인지, 일사불란하게 노를 젓고 있다. 강물보다도 더 빠른 속도로 어디로 가는 것일까. 어쩌면 이 여인도 그 보트에 타고 있었던 사람인지도 모른다. 속도에 지쳐서 아예 누워버린 것이라면, 그것도 괜찮은 선택이었기를.

히 가야 할 것 아닌가 싶다. 속도가 잘 조절되지 않는다면, 그냥 한 번 멈추면 된다. 멈춰서서 가만히 있다 보면, 어디로 가야 하는지 방향을 확인할 수 있다. 그러면 우리 자신에게 맞는 적당한 속도로 다시 삶을 이어 나갈 수 있을 것이다.

행복의 공간

행복의 가치를 담은 공간을 떠올린다면 어떤 곳일까? 인공적인 손길이 전혀 닿지 않은 자연 공간을 제외하면, 대다수의 공간은 사람의 의도와 생각, 가치관을 담고 있다. 사람이 만든 공간은 우리가 지향하는 바와 최우선 가치를 물리적 형태로 구현한다. 예를 들면, 회색 도시라고 부르는 공간에는 획일화와 속도, 효용, 대량 생산 등의 가치가 담겨 있고, 녹색 도시에는 환경 친화, 공기질 개선, 에너지 효율성 등의 가치가 담겨 있다.

현대인의 공간 고민

우리나라 사람들에게 관심을 가지는 공간을 물어보면, 주거 공간을 먼저 떠올리곤 한다. 그 이유 중의 일부는 살인적인 주거비 상승이 많은 사람에게 영향을 미쳤기 때문이다. 행복을 재화 중심으로 생각하는 관점이 있는 것처럼, 공간에 대해서도 재화 중심으로 보는 사람들이 있다. 이들에게 공간은 거주가 아니라 투자가 목적이다. 그래서 관심 공간이라 하면 서울/수도권의 어느 지역인지, 역세권인지, 주거 유형은 아파트인지 빌라나 주택인지, 아파트라면 단지와 평수, 직주 근접 조건인지 등을 차례로 생각한다.

우리나라 주거 문제는 수도권 과밀화와 지역 불균형 발전이라는 문제에서 자유롭지 못하다. 수도권 인구는 2024년 5월 기준으로 2,600만 명이다. 총인구 5,100만 명 중에서 대략 절반 정도가 수도권에 사는 셈이다. 그러다 보니, 수도권 과밀화로 인한 주택 가격 상승과 출퇴근 교통체증, 환경 문제, 주차 문제 등 다양한 문제가 산적해 있고, 행복을 논의하기가 쉽지 않다.

수도권 집중화 현상을 해결하는 것은 국가의 근본적인 정책 변화가 필요한 부분이므로 여기에서는 좀 더 개인적인 변화가 가능한 공간에 대해 초점을 맞추기로 한다.

행복의 공간

행복의 공간이라는 개념으로 공간의 영향력을 생각해볼 수 있다. 웰빙과 만족감을 제고할 수 있도록 설계되고 계획된 구체적 공간도 있고, 사회적이거나 개인적인 공간도 있다.

(1) 자연이 가득한 초록 공간이 행복의 공간이다. 바이오필리아^{biophilia}라는 개념은 녹색갈증으로 번역되는데, 인간은 자연과 생명에 대한 본능적인 사랑과 갈구를 지니고 있다는 뜻이다. 자연의 녹색이 가득한 공간에서는 스트레스가 줄어들고 정서가 순화되며 심신이 안정된다. 화단과 정원, 공원, 가로수 등 도시에서 녹색공간이 꼭 필요한 이유기도 하다.

(2) 집과 개인적인 공간이 행복의 공간이다. 그러한 공간에서 사람들은 아늑함을 느끼고 몸과 마음을 회복하며 행복을 누린다. 다만, 어질러져 있는 공간에서는 오히려 스트레스 수준이 높아진다는 연구 보고도 있다. 잘 정돈된 자신의 공간은 마음도 정돈되게 해준다.

(3) 사회적 상호작용 및 문화 공간도 행복의 공간이다. 카페가 잘 발달된 우리나라에서는 카페가 일종의 광장이자 개인적인 사회생활의 구심점이 된다. 미술관이나 극장, 스포츠 시설 등의 문화 공간도 행복의 공간이라 할 수 있다. 사회적인 연결을 촉진하는 공간은 호모 소시알리스$^{Homo\ Socialis}$[3]의 행복을 높여준다.

(4) 가상의 공간도 사용자의 이용 방식에 따라 행복의 공간이 될 수 있다. 인터넷을 통한 연결은 인간관계가 확장되는 가능성을 열어주었

---

[3] 호모 소시알리스는 사회적 인간을 가리키는 용어인데, 인간이 본질적으로 사회적 존재이며 다른 사람들과의 관계를 통해 살아가고 발전한다는 것을 의미한다.

빈센트 반 고흐, 〈밤의 카페 테라스 Café terrace at night〉(1888)

아직 찬 바람이 불지는 않지만 여름의 더위는 사그라든 9월 밤의 테라스는 얼마나 멋진 공간이었을까. 고흐는 카페가 사람들이 자신을 파괴할 수도, 미칠 수도, 범죄를 저지를 수도 있는 공간이라고 했다. 분명, 그 공간은 감정을 증폭시키는 힘이 있다. 존재하지 않았던 감정을 억지로 만들어내지는 못하겠지만, 가슴속에 눌러두었던 감정을 기어이 끌어내는 완력은 행사한다.

다. 자신과 관심사를 공유할 수 있는 사람들과 커뮤니티를 만들고 교류할 수 있다. 인터넷이라든가 소셜 네트워크 서비스는 그것이 없던 시절에 비하면 혁신적인 의사소통의 변화다. 즉각적이며 다양한 방식으로 전 세계 사람들과 연결될 수 있다.

(5) 시각과 청각 재료로 공간의 인식 방식에 영향을 주면 행복의 공간이 될 수 있다. 기존의 공간에서 빛과 음향을 다르게 하면 공간의 느낌도 달라진다. 자신이 좋아하는 조명을 활용하면 공간의 깊이를 형성할 수 있고, 서라운드 사운드를 쓴다면 실제보다 생생하고 넓은 공간감을 느낄 수 있다.

벽에 걸린 그림 한 점이 그 공간을 온통 다른 느낌으로 이끌 수도 있다. 나에게는 반 고흐의 〈밤의 카페 테라스〉가 그런 작품이다. 20대 후반부터 30대를 보냈던 대학원 시절, 거실이 없는 작은 기숙사에서 살았는데, 대문을 열자마자 보이는 곳에 이 작품의 프린트를 걸어두었다. 그림을 볼 때마다 따뜻했다.

이 작품을 실제로 만나러 가야겠다고 버킷 리스트를 가지게 된 것은, 현대미술가이자 평론가인 이은화의 『자연미술관을 걷다』라는 책을 읽고 나서다. 네덜란드 암스테르담에서 동쪽으로 한 시간쯤 떨어진 곳에 호지벨베 국립공원이 있고, 거기에 크뢸러 뮐러 미술관이 있다. 내가 간 날은 비가 많이 내렸는데, 그 때문인지 사람들이 별로 없어서 밤의 카페 테라스 앞은 텅 비어 있었다. 작품의 크기는 작았다. 프린트로 만들어진 카피 작품들은 크던데, 진짜 작품은 소박하게 작았다. 그리고 그 작은 세계 안에 과하거나 모자

람 없이 애정과 낭만, 어쩌면 고통이나 어두움에서 피어났을 아름다움이 오롯이 공간을 채워주고 있었다.

행복 공간 찾아가기

당연한 말이지만, 우리가 있는 공간은 우리 삶에 영향을 준다. 일상적인 공간 외에 새로운 공간을 방문하는 것은 삶의 활력이 되기도 한다. 이러한 공간은 헤테로토피아 Heterotopia라고 부를 수 있다. 헤테로토피아는 프랑스 철학자인 미셸 푸코 Michel Foucault가 제안한 개념이다. 헤테로토피아는 '다른 장소'라는 뜻인데, 일상적인 공간과는 다른 규범이 적용되는 대안적 공간인 셈이다. 푸코는 삶과 사회현상을 이해하려면 시간을 가로질러 종단적으로 살펴보는 것만큼이나 공간을 횡단적으로 살펴보는 것이 중요하다고 했다.

예를 들면, 우리나라 찜질방은 일상적 스트레스와 부담에서 벗어나 휴식하고 회복할 수 있는 환경을 제공하는 헤테로토피아다. 놀이공원이라든가, 한 번씩 열리는 지역 축제장도 모두 헤테로토피아가 될 수 있다. 사람들은 그곳에서 자신의 일상으로부터 잠시 벗어나서 즐거움을 누린다. 예술에 목마른 사람에게는 갤러리나 작업실이 헤테로토피아가 될 수 있고, 사회적인 연대와 소속감을 중요시한다면 동호회 모임 장소, 스포츠 클럽, 종교시설 등이 헤테로토피아가 될 수 있다.

몇 해 전, 제주도의 한 음악감상실에 간 적이 있다. 환불 불가의 예약금까지 걸어 놓고도 막상 가려니 어색하게 느껴졌다. 잠시 망설임 끝에 도착한 장소는, 음악 외의 어떤 소리도 허락하지 않는 곳이었다. 손님들은 각자 자신이 듣고 싶은 노래와 마시고 싶은 음료를 핸드폰 메신저로 전달했다. 나는 금세 그 분위기에 젖어들었고, 정말 오랜만에 음악으로 가득 찬 공간에서 행복하다는 느낌을 누렸다. 그 이후로도 한 번씩 음악과 분위기를 충전하고 싶다 느껴질 때 음악감상실을 가곤 한다. 최근에는 직장 근처에 있는, LP판을 틀어주는 재즈킷사[4]를 알게 되어 선택할 수 있는 헤테로토피아가 늘어났다.

이처럼 각자 자신에게 행복을 누리게 해주는 헤테로토피아를 찾아가는 것이 중요하다. 헤테로토피아는 물리적인 공간이면서 그곳에서 개인이 각자 원하는 다양한 활동과 상호작용을 가능하게 해주므로 단순한 물리적 공간 이상의 역할을 한다.

행복 공간 만들기

우리가 삶의 대부분을 보내는 일상적 공간에서는 어떻게 행복을 영위할 수 있을까? 일상적 공간은 날마다 시간을 보내는 곳이라, 웬만해서는 특별해질 수가 없다. 낯선 공간은 내가 손님으로 방문하는 셈이지만, 익숙하고 친숙한 공간은 그 공간의 주인으로 지내는 셈이다. 주인으로서 공간에 대해 책임을 진다면 그 공간이 행복의 공간이 될

---

[4] 재즈킷사는 일본에서 유래된 단어로 재즈를 틀어주는 음악다방, 재즈바를 말한다. 대부분 고가의 오디오시스템을 갖추고 LP판으로 음악을 들려준다.

가능성이 높아진다.

공간을 내가 책임지고 보살피는 것은 청소 행위로 구현될 수 있다. 청소와 정리 정돈은 엄청난 심리적 효과가 있다. 자신의 장소를 청소하는 것은 스트레스와 불안을 줄일 뿐 아니라 나의 공간을 내가 온전히 지배하고 가꾼다는 통제력을 가지게끔 해준다. 환경에 대한 통제권은 사람들의 오랜 숙원이기도 하다. 자신의 물리적인 공간을 통제할 수 있다면 심리적인 공간에 대해서도 비슷하게 통제력이 높아질 것이다. 마음이 혼란스럽거나 복잡하다면 청소부터 시작하자. 그리고 청소하는 동안에는 다른 생각 없이 청소 행위 자체에만 집중하자. 공간도 마음도 한결 정돈되고 가벼워질 것이다. 한 연구에 따르면, 자신이 하는 행위에 오롯이 집중하는 방식으로 설거지를 할 경우, 긴장하거나 신경과민인 상태를 누그러뜨릴 수 있다고 했다.

청소는 확실히 기분이 향상되게끔 해준다. 만족감과 성취감을 느끼게 해주고, 정리 정돈된 상태에서 오는 쾌감도 선물해준다. 청소를 별것 아닌 일로 생각했다면, 이제부터 달리 바라보자. 마음까지 정돈되게 해주는, 공간의 지배력을 회복하는 일이니까 말이다.

정돈되고 청소가 된 공간에서는 주의집중이나 생산성도 향상된다. 혼란스러운 잡동사니가 없는 환경에서 생산성이 고취되는 것은 두말할 나위가 없다.

요즘은 개인의 공간에서뿐 아니라 지역사회에서도 청소의 중요성을 공유하고 있다. 최근에 자주 등장하는 플로깅 plogging이라는 단어는 '줍다'라는 뜻의 스웨덴어 'polka up'과 영어 'jogging'이 합쳐진 말이다. 즉, 조깅하면서 쓰레기를 줍는 활동을 뜻한다. 대표적으로 제주도 해안에서 플로깅하는 사람들의 이야기나 기업의 활동 등이 알려져 있다.

거창하게 이름 붙이지 않은 활동도 주변에서 종종 만날 수 있다. 동네 산에 오르내리다 보면, 집게와 쓰레기 봉지를 들고 산에 떨어진 쓰레기를 줍는 분을 어디에서나 만날 수 있다. 누가 시킨 것도 아니고 보상이 따르는 행동도 아니다. 그저 내가 사는 동네의 산을 가꾸겠다는 마음에서 비롯된 일일 뿐이다. 그러한 분들을 볼 때면, 저 사람은 자신이 행복을 느끼는 공간을 참 넓게 가지고 있구나 싶다. 한 사람의 애정과 보살핌이 닿는 곳이라면 그곳은 그의 행복 공간이기 때문이다.

개인 공간

개인 공간은 영어로 퍼스널 스페이스personal space라고 부른다. 이는 물리적인 공간에 대한 개념이기도 하고 심리적인 공간에 대한 개념이기도 하다. 가족이 많은 집 안에서 자기 방이 따로 없이 자매끼리 (또는 형제끼리) 방을 공유한다면, 자신의 책상 공간이나 잠자리가 퍼스널 스페이스가 될 수 있다.

개인 공간은 일반적으로 자율성과 독립성을 키워가는 곳이며 정체성과 개성을 발전시키는 곳이다. 그 공간은 점유자에게 안전과 편안함을 제공하는 곳이므로 프라이버시가 보호되고 지켜져야 한다.

무엇보다도 개인 공간에서 안전하다고 느낄 수 있는 것이 중요하다. 몸과 마음을 온전히 쉬기 위해서는 침해받지 않는 안전함이 필요하다. 적절한 개인 공간을 확보하는 것은 행복을 지켜 나가는 데 도움을 준다.

가족이라 하더라도 개인 공간 내에서는 적절한 거리를 둘 수 있으면 서로에게 도움이 된다. 특히 사춘기에 접어든 자녀가 있다면 자녀의 개인 공간을 인정하고 보호해줘야 한다. 사춘기 청소년에게 자신만의 개인 공간은 그들의 정서적인 피난처가 되기 때문이다. 어쩌면 그들은 그곳에서 눈물을 흘리거나 소리를 지르기도 하겠지만, 그러한 과정을 거치면서 정서적 안정을 찾고 자신의 스트레스를 해소해 나갈 것이다. 부부가 각자 개인 공간을 가지는 것도 바람직하다. 개인 공간이 반드시 독립된 방이라야 하는 것은 아니다. 크든 작든 그 공간을 심리적으로 점유한 느낌이 들면서 그곳에서 자신이 편안하고 안정된다고 느낄 수 있는 곳이면 된다. 함께 살아가는 가족이라 하더라도 혼자만의 고유한 시간이 필요할 때가 있다. 자발적인 고독은 심리적 탄력성과 회복력을 증진시켜줄 수 있다. 오롯이 홀로 있음을 가능하게 해주는 개인공간이 다름 아닌 행복의 공간이다.

4
행복의 영향력

2022년 5월부터 이듬해 3월까지 서울의 용산 전쟁기념관에서 스페인 화가인 에바 알머슨Eva Armisen의 작품 전시가 열렸다. 원래 5월부터 12월 초까지 기획된 전시였는데, 25만 명의 관람객이 다녀가면서 뜨거운 성원에 힘입어 3개월이 더 연장된 것이다. 9개월 가까이 지속되는 전시라니 그 규모와 인기를 짐작할 만하다. 에바 알머슨의 전시회를 소개한 문구가 '행복을 그리는 화가'였던 점을 생각해 보면, 그의 작품을 보려고 사람들이 그토록 많이 몰려든 이유를 짐작할 수 있다. 사람들은 행복한 작품을 보면서 행복을 느끼고 싶은 것이다.

알머슨의 작품에는 둥근 얼굴에 파마 머리를 한 여성이 등장하는데, 그녀는 항상 따뜻하고 잔잔한 미소를 띠고 있다. 그림 속 이야기는 대부분 우리의 일상으로 구성되어 있고, 색채는 밝고 따뜻하다. 말하지 않아도 이 작품들은 사랑과 애정, 기쁨, 즐거움, 행복에 대해 전달해 준다.

행복이 전해지고 느껴지는 곳에는 사람들이 모이게 된다. 그만큼 행복의 영향력은 은근하고 강력하기 때문이다.

행복은 신기루인가, 북극성인가

신기루는 그곳에 없는 어떤 물체가 마치 거기에 있는 것처럼 보이는 현상이다. 그래서 아예 존재하지 않는 대상이 신기루로 보이지는 않는다. 신기루 현상에서 물체는 실제 위치가 아닌 다른 위치에 있는 것처럼 보일 뿐, 눈속임이 아니며 빛의 굴절 때문에 생기는 자연현상이다.

행복을 욕구의 충족 뒤에 경험하는 것이라고 생각한다면, 행복은 신기루다. 욕구를 충족하더라도 행복은 저만큼 멀리 달아나고 없기 때문이다.

그렇다면 행복은 북극성인가. 북극성은 항상 북쪽 하늘의 고정된 위치에 떠 있어서 방향을 알려주는 나침반 역할을 하는 별이다. 바다를 항해하는 선원들에게 북극성은 길잡이별로서 그들을 인도한다. 요즘에는 GPS를 사용해서 위성 신호로 배의 위치를 확인해서 항로를 설정하지만.

실제로 행복이라는 상태를 경험하는 것과 별개로, 행복해질 것이라는 희망과 기대는 사람들이 자신의 행동과 태도를 변화시키도록 하는 동기가 된다. 행복에 대해 보수적이거나 비판적인 입장을 가진

학자들도 이와 같은 행복의 길라잡이 역할을 부정하지는 않는다. 오히려 행복의 진짜 존재 목적은, 진화론적으로 보았을 때 생존에 더 도움 되는 삶의 방식을 선택하도록 촉진해주는 데 있다고 본다. 다시 말해, '이렇게 하면 더 행복해질 거야.'라는 순박한 기대 때문에 사람들은 자기 자신의 삶을 가다듬게 되는데, 그렇게 해서 (기대처럼) 행복해지지 않는다 하더라도, 그 변화는 진화론적으로 의의를 가지고 있다는 것이다. 그러니 행복은 북극성 또는 남십자성처럼 방향을 확인해주는 길라잡이가 된다. 그것이 바로 개인에게 미치는 행복의 영향력이다. 행복의 존재로 인해 사람들은 삶에서 다시 희망을 품고 목표를 설정하며 그것을 달성하기 위해 노력하고 의미를 찾는다. 이 모든 과정에서 반짝이는 행복이라는 북극성은 우리가 방향을 잃지 않도록 삶의 길잡이가 되어준다.

행복의 영향력

이번에는 사람들 사이에서 행복의 영향력을 생각해 보자. 집단 내에서 누군가 참된 의미로 행복을 느낀다면, 그 영향력은 은은하게 퍼지는 향기와 같다. 행복은 결코 혼자만의 것이 아니다. 행복한 사람은 주변을 따뜻하게 밝히고 온기를 나누어 주기 때문이다. 당신이 누군가에게 도움을 주었던 일을 돌이켜 보자. 그때 무엇을 느꼈는가? 어떤 감정이 들었나?

아마도 뿌듯하고 행복했을 것이다. 도움을 받는 사람도 안도하며 기뻐했겠지만, 도움을 주는 사람도 기쁘게 도움을 줬을 것이다. 행복은 그처럼 혼자만의 것이 아니라 나누고 전파할 수 있는 어떤 것이다.

참된 행복은 나누고 베풀며 함께 즐거워하고 성장해가는 데 있다. 달라이 라마는 이렇게 말했다. "만약 다른 사람이 행복해지기를 원한다면, 자비를 연습하라. 만약 당신이 행복해지기를 원한다면, 자비를 연습하라." 이 말은 행복을 한 사람의 개인적인 경계선 내에 국한하지 않고 경계선을 더욱 확장하는 것이다. 나와 너로 나누어지는 것이 아니라, 우리가 되고 인류가 되는 것이다.

경계가 확장되는 것은 엄청난 일이다. 어린 시절 땅에 선을 그어서 '땅따먹기' 놀이를 해본 사람들은 아마도 기억할 것이다. 자기 땅이 넓어진다는 것이 얼마나 흥분되고 짜릿한 일인지 말이다. 켄 윌버Ken Wilber는 『무경계』에서 사람의 성장을 설명하면서, 성장이란 기본적으로 자신의 지평을 확대, 확장하는 것이라고 했다. 밖으로 향한 조망과 내적으로 향한 깊이에서 경계의 성장이 참된 성장이라고 했다. 그렇다면, 베풀고 돕는 행복이야말로 우리의 경계를 얼마나 더 확장해 줄까. 아마도 베푸는 자와 받는 자가 모두 풍요롭게 성장할 수 있을 것이다.

베풀고 돕는 행위가 지니는 의미에 대해서 신경과학 분야에서도 행복심리학 분야의 의견과 비슷한 결과를 얻었다. 즉, 베풀고 돕는 행위는 즐거움과 보상을 관장하는 뇌 부위를 활성화시킨다는 것을 발견한 것이다. 행복해지려면 자비롭게 베풀고 도와야 한다. 한번 마음을 내기 시작하면, 그리 어려운 일도 아닐 것이다. 작은 단계부터 시작해서 꾸준히 하다 보면 우리 안의 불빛이 밝게 빛을 내면서 저

호주 태즈메이니아에 사는 웜뱃

캥거루나 코알라만큼 호주를 대표하는 동물이 웜뱃이다. 웜뱃은 몸무게가 25~40kg까지 나갈 정도로 꽤 큰 동물인데(대략 중소형견 정도의 크기), 땅 밑에 굴을 파고 생활한다. 평소에는 자기 영역에 다른 동물이 들어오는 것을 싫어하지만, 산불이 극심했을 때 자신의 굴을 토끼나 코알라 등 다른 동물과도 공유해서 '호주 산불 영웅'이라는 자랑스러운 별명도 얻었다. 웜뱃은 네모난 정육면체 배설물을 만드는데, 산불 때의 구조 영웅이라서 그런지 사람들은 그것조차도 사랑스럽다고 말한다.

멀리까지 비출 수 있을 것이다.

행복의 균형

베풀고 돕는 자세를 꾸준히 유지하기 위해서는 자기 자신에 대해서도 <u>스스로</u> 잘 돌볼 수 있어야 한다. 다른 사람을 돕는 것과 타인을 더 우선순위에 두는 것은 다르다. 자신을 사랑하는 사람이 타인에 대해서도 건강하게 사랑할 수 있다. 만약 스스로를 돌보지 않으면서 타인에게 베푸는 행위만 하고 있다면, 그러한 불균형은 우리 자신에게 상처로 돌아올 것이다. 불행한 사람은 자비를 베풀기 어렵고, 결국엔 더 불행해질 수밖에 없다. 균형 잡힌 마음의 자세로 힘있게 사랑하며 나누어야 한다.

함께 나누는 행복

게 여러 마리를 물이 담긴 큰 냄비에 넣고 끓인다고 하자. 그중에서 한 마리가 어찌어찌 냄비 가장자리로 기어오르게 되었다. 조금만 더 올라가면 나갈 수 있을지도 모른다. 그때, 밑에 있던 다른 게들도 냄비 바깥으로 나가고자 올라간 게를 끌어당긴다면, 결국 어느 게도 바깥으로 나가지 못하게 된다. 이런 상황은 어쩌면 누군가의 성공이 다른 사람의 실패를 의미하는 것이라고 할 수 있다. 만약 행복에 제한이 있다면, 행복도 이러한 냄비 속의 게와 비슷한 상황일 것이다.

다행히 행복에는 제한이 없다. 우리가 마음으로 느끼고 누릴 수 있는 행복의 양에는 제한이 없어서, 누군가가 행복해진다고 해서 다른 누군가가 불행해지지는 않는다. 오히려, 행복한 그 사람이 밝혀주는 양초 덕분에 주변이 밝아지고, 또 다른 양초도 밝힐 수 있는 것과 비슷하다. 행복은 나눔으로 줄어드는 것이 아니라 확장되고 널리 퍼져 나간다.

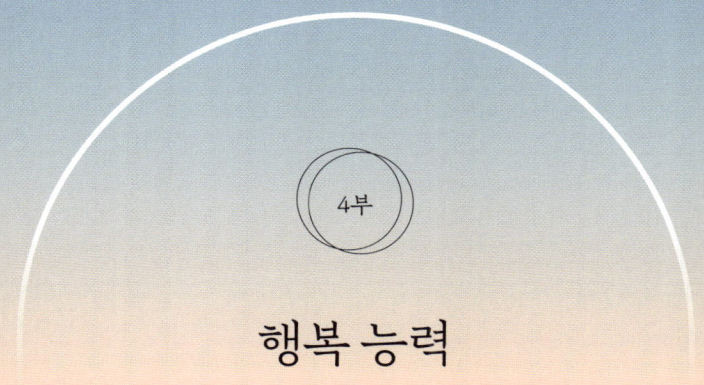

4부

행복 능력

*

능력은 일을 감당해낼 수 있는 힘이다.
삶은 여러 가지 일이 온통 복잡하게 펼쳐진 거대한 장場이다.
우리는 인생의 장면마다 어떤 것들을 감당해야 하고, 기왕이면 넉넉하게 감당하고 싶다.
행복에 관여하는 능력의 최고봉은 마음을 사용하는 것이다.
그다음으로는 자신을 둘러싼 주변 환경을 어떻게 받아들이고 해석하느냐 하는 점이다.
그 두 가지를 잘할 수 있다면 능력자이다. 그리고 행복 능력에 성격에 관한 이야기도 포함했는데,
성격에 유전의 영향이 크다 하더라도 일단 성격의 이모저모를 알기 시작하면
이것도 우리의 능력이 된다. 생각 줄이기와 운동 늘리기는 마음 근육을 키우는 방법으로 제시하였다.

1
마음의 사용

꼬리가 몸통을 흔든다Wag the dog는 표현이 있다. 개의 몸통이 훨씬 더 큰데도 작은 꼬리가 그 큰 몸통을 흔드는 것이다. 주객이 전도된 것이라고 할 수 있다. 사람의 마음 또한 인생 전체를 흔들 수 있는 꼬리인지도 모른다. 마음은 분명 그 마음을 가진 개인의 일부분일 뿐인데, 때로는 삶 전체를 흔들고 그 사람에게 연결된 주변 사람들에게까지 영향을 미치기도 한다.

마음 에너지

마음을 에너지라고 상상해보자. 마음이 에너지라면 사용할 수 있는 연료가 될 것이다. 그 연료를 사용해서 우리는 어디로 움직이고 있을까? 행복의 관점에서는 에너지의 많고 적음보다도 에너지를 써서 이동하는 방향을 중요하게 생각한다. 행복이 깨지는 것은 에너지가 적어서가 아니라, 마음을 잘 운전하지 못했기 때문이다. 그렇다면, 운전할 때 방향에 대한 책임은 마음을 쓰는 사람이 져야 할 것이다.

마음이 에너지라면 마음을 쓰는 것을 '소비'라는 관점에서 한번 생각해 보자. 소비의 기본 원칙은, 자신이 가진 것보다 쓰는 게 많으면 가난해지므로 가용 가능한 재화의 수준을 잘 평가하고 예측해서 한도 내에서 소비해야 한다. 에너지도 마찬가지다. 가용 가능한 에너지보다 더 많이 사용하면, 다시 충전되게끔 쉬거나 보충해야 한다. 재화와 마음 에너지가 다른 점이 있다면, 소득이 최고조에 달하는 시점이 다르다는 것 그리고 자신의 소득이 어느 만큼인지 파악하는 것이 후자의 경우 어렵다는 것이다.

살아가면서 분명 마음 에너지도 더 얻을 수 있다. 이전보다 키울 수 있고, 확장할 수 있다. 그런데 이것이 월급처럼 따박따박 채워지는 것은 아니다. 잠을 자고 좋은 음식을 먹고 건강해지는 행동을 꾸준히 하는 것으로 마음 에너지가 채워지기도 하는데, 바쁘고 분주한 현대인은 자신이 채우는 에너지보다 더 많은 마음 에너지를 사용한다. 차량의 연료 계기판처럼 지금 어느 만큼 마음 에너지가 남았는지 볼 수 있다면 얼마나 좋을까. 그러면 사용 가능한 에너지양을 좀 더 합리적으로 결정할 수 있을 텐데.

마음의 에너지가 바닥이 났다고 해서 당장 어떻게 되지는 않는다. 그러나 서서히 사람이 망가질 수는 있다. 예전보다 더 쉽게 짜증 내고 화내며 더 자주 걱정하고, 더 오래 의기소침해 있거나 가라앉는

빈센트 반 고흐, 〈생마리드라메르의 풍경〉View of Saintes-Maries-de-la-Mer〉(1888)

고흐는 1년 조금 넘게 프랑스 남부 아를에서 살았다. 아를에서 고흐는 300점 넘는 작품을 완성했고, 고갱과 두 달 동안 살면서 치열하게 논쟁했고, 이후 자신의 귀를 잘랐으며, 정신병원에 입원도 했다. 생마리드라메르는 아를에서 남쪽으로 37km 떨어진 해안 마을인데, 아마도 고흐는 종종 겪던 감정의 기복에 지쳤거나 자기 그림과의 씨름에서 잠시 쉬고 싶어서 바닷가로 갔을 것이다. 바다의 햇빛과 다채로운 물색이 고흐의 마음을 위로하고 채워줬던 것 같다. 고흐는 동생에게 흥분한 어조로 바다색이 고등어와 같다고 했다. 녹색, 보라색, 혹은 파란색인지 알 수 없을 정도로 자주 변하는데, 햇빛이 비치면 분홍색과 회색도 볼 수 있다고 했다. 마음의 에너지를 회복한 고흐는 해변과 어선 풍경, 생마리드라메르 마을, 프로방스 지역의 초여름을 가득 채우는 라벤더를 그렸다. 라벤더 향에는 리날로올이라는 성분이 있어서 불안한 마음을 안정시키고 숙면을 도와준다. 이 작은 마을을 그리는 동안 라벤더밭 앞에 앉아 있었을 고흐의 마음도 다독여지지 않았을까.

다. 삶에서 생기가 빠지고 행복은 요원한 일이 된다. 가끔 웃고 즐거워하며 흥분한 상태를 경험할 수 있지만, 그러한 상태에서도 예상치 못한 일을 만날 때 쉽사리 화를 내고 처음 보는 사람과도 다투고 가까운 사람과도 싸운다. 생각해 보면 이 모든 것은 마음의 힘이 고갈되었기 때문에 일어나는 일이다. 연료가 없는데 운전을 계속하면, 자동차는 서게 된다. 마음의 에너지가 없는데 삶은 계속되면 무엇을 하려고 해도 삶이 일그러질 수 있다.

의심

원유에는 여러 가지 불순물이 섞여 있기 때문에 정제 과정을 거쳐야만 사용할 수 있다. 마음도 정제 과정을 거쳐야 할 때가 있다. 잡다한 생각이 많을 때가 정제 과정이 필요한 때이다. 그중 대장 격인 의심에 대해 생각해 보자.

 의심은 행복을 저해하는 대표적인 마음 상태다. 물론 적당한 수준의 의심은 간혹 필요하며 조심성의 특징이기도 하다. 신중한 사람들은 뭔가를 쉽게 덜컥 믿기보다는 한 발 떨어진 곳에서 다른 가능성에 대해서도 생각하며 의심한다. 그들은, 너무 당연한 것처럼 보이는 주장에 대해서도 그렇지 않을 수 있다고 의심하며, 번드르르한 겉면은 그럴싸해 보이기 위한 포장일 수 있다고 생각한다.

 의심의 순기능은 위험을 피해 갈 수 있도록 하고 거짓과 진짜를 구분할 수 있는 눈을 키워주는 것이다. 자기 자신에 대해 의심하는 경우에 이러한 의심이 스스로를 돌아보는 통찰이 되고 궁극적으로 성장하게 만들기도 한다. 데카르트Descartes는 진리를 추구하는 사람이라면 모든 것을 깊게 의심해야 한다고 말했다. 아마도 그 의심은 알곡과 쭉정이가 섞인 진리의 통 안에서 쭉정이를 솎아내는 역할을 할 것이다.

이러한 긍정적 의심에 비해 조금 다른 색깔의 의심도 있다. 걱정이나 피해의식 또는 비아냥거림과 결합한 의심이다. 이러한 의심은 건강도 좀먹고, 행복도 좀먹는다.

먼저, 걱정과 의심이 함께 있다면 이건 그 사람에게 거의 자동적인 감정일 것이다. 아마도 전반적인 삶의 순간마다 작동될 것이다. 이러한 걱정 섞인 의심을 줄이려면, 첫 단계로 자신이 매사를 걱정하며 의심한다는 것을 각성하는 것이고 그다음은 조절하려고 노력하는 것이다. 간단한 방법(간단한데 실천하는 사람이 좀 드물다.) 한 가지는 호흡을 천천히 그리고 깊게 하는 것이다. 심호흡은 마음을 안정시키고 걱정을 누그러뜨리는 데 도움을 준다. 자주 해서 습관처럼 사용할 수 있으면 좋다.

피해의식과 의심이 함께 있다면, 조금 심각하다. 이는 편집증paranoia이라고 하는 병리적인 사고일 수 있다. (여기서 언급하는 편집증은 하나에 집착한다는 편집증monomaniac과는 다른 것이다.) 의심에서 출발한 피해의식이 커져서 자신이 이용당하고 있다고 생각하거나 위협당한다고 느낀다면 전문가의 도움을 받아야 한다. 이 경우, 마음먹고 노력하는 것만으로는 좋아지지 않기 때문이다.

비아냥거림과 결합된 의심은 본인 자신에게나 주변 사람들의 희망과 용기를 꺾는다는 점에서 마이너스다. 비아냥거리는 태도는 그 사람의 성격 같은 것이어서 쉽게 바뀌지 않는다.

- 그런다고 뭐 달라지겠어.
- 노력해봤자 소용없을걸? 행복이 그렇게 쉽게 오나.
- 행복 같은 소리 하고 있네.

이렇게 행복의 가치와 가능성을 의심하고 빈정대면 사실 도와줄 방법이 제한적이다. 언어에는 묘한 힘이 있어서, 각자가 이름 붙이고 불러주는 세상이 실현된다. 행복의 가치를 의심하면서 잘 안 될 거라고 비아냥댄다면 그 사람은 자신이 명명하고 정의한 세상에서 살아가게 된다. 의외로, 능력이 탁월한 사람들 중에도 행복의 가치를 낮잡아서 평가절하하는 경우가 있다. 쉽게 뭔가를 믿지 못하는 사람들은, 어쩌면 그만큼 삶에서 생채기를 경험한 사람들일 것이다. 그래도 행복에 대해서는 본능적인 믿음이 있으면 좋으련만, 이러한 믿음을 잃어버렸거나 본능보다 평가와 판단이 더 발달한 사람이 많다. 현대가 원시시대도 아니고 본능에 기대어 살 수는 없지만, 행복과 같이 눈에 보이지 않고 사람마다 다르게 경험할 수 있는 어떤 것을 대할 때에는 자기 안의 본능을 신뢰해도 좋지 않을까.

행복은 분명히 존재하는 경험이다. 신(神)을 입증해야 하는 것만큼 어려운 것은 아니니, 행복의 존재 유무나 가치, 가능성에 의심을 품지 말고 자기 안의 행복을 키워 나가는 데 초점이 맞춰지면 좋겠다. 부정적이거나 시니컬한 의심을 지그시 누를 수 있는 마음의 힘이야말로 능력 중의 능력이라고 할 수 있다.

기대

마음에서 무엇을 기대하느냐 하는 점은 행복에 중요하다. 좋은 것을 기대하면 좋은 것에 대해 느끼는 감각이 열리고, 나쁜 것을 걱정하면 나쁜 것에 대해 감지하는 예민함이 더해진다. 행복 자체에 대한 기대를 보더라도 그렇다.

- 나에게 행복은 가당치 않지.
- 행복은 모두 진실을 포장하는 허울에 불과하지.
- 잠깐 행복했다가 마는데, 난 행복한 게 아니야.

이렇게 기대하면 행복이 그 마음에서 자라기가 쉽지 않다. 우리 마음에서 기준점이 어디인가? 기준점이 부정적인 색채를 지니고 있거나, 혹은 달성하기 어려운 것이라면 행복하기 어렵다.

물론 그렇다고 해서 막연하게 그저 긍정적이거나 낭만적으로 인생을 대하자는 것은 아니다. 기대 수준을 적절하게 현실적으로 잡는 것은 행복을 경험하기에 좋은 태도이다. 이를테면, 삶에서 나쁜 일은 없을 거라고 기대하는 것보다는, 삶에서 고통이나 힘든 일이 그저 일상적인 현상이며 그런 일이 일어나는 것은 거의 모든 사람에게 피할 수 없는 일이라고 기대하는 것이 훨씬 더 현실적이다. 후자의 기대를 가진 사람이, 삶을 비관적으로 보지 않는다면 행복을 경험할 확률이 더 높다.

그리고 기대와 관련해서 꼭 짚고 넘어갈 점은 특정 조건을 성취하면 행복해질 것이라고 기대하는 것은 그다지 현명하지 못하다는 것이다. 행복에 대한 기대란, 행복을 성취의 대상으로 생각하고 조건(예: 돈을 많이 벌어서, 외모를 성형수술이나 다이어트나 운동으로 바꾸어서, 더 좋은 직장을 얻어서, 더 넓은 집으로 이사 가서, 고급 휴양지에 놀러 가서 등)을 성취하면 행복을 쟁취할 수 있을 것이라 '기대'한다. 앞에서 언급했지만, 그러한 상황은 변화할 때 잠깐 기쁨과 즐거움을 제공할 뿐이다. 심지어 영향력은 전체 행복의 파이에서 10% 수준이다. 즉, 영향이 없다고는 못하지만 어쩌면 무시해도 괜찮을 수준이다.

행복에 대한 기대는, 우선 행복의 존재를 믿고, 행복해지기 위한 우리 노력(이 책에서만 하더라도 행복해지기 위한 여러 가지 연습을 제안했다. 그 연습을 하는 것은 모두 노력이 들어간다.)이 가치가 있다고 생각하는 것이며, 삶에서 의지를 가지고 행복을 바라보고 나아가는 태도를 가지자는 의미이다. 감사하기 연습만 하더라도 행복의 수준이 더 올라간다는 경험적인 연구 결과가 많다. 그러므로 행복에 대해 기대를 가지자.

소박함과 담백함

행복을 누릴 수 있는 마음 상태로 소박함과 담백함을 빼놓을 수 없다. 크고 굵은 알갱이로 된 행복도 있고, 작고 소소한 행복도 있다. 아마도 행복을 가득 채우는 것은 작은 행복들일 것이다.

소박함은 작은 행복을 발견할 수 있는 능력이다. 소박한 마음은 자연의 모습과 닮았다. 거창하게 꾸미거나 치장하지 않은 아름다움을 가지고 있다. 그래서 두껍지 않고 앞뒤가 다르지 않으며 복잡하지 않다. 복잡한 것은 대체로 까다롭거나 뒤얽혀 있다. 소박한 마음은 복잡하지 않다는 점에서 단순함이나 담백함과도 비슷하다.

삶 자체를 소박하게 대할 때의 이점은 욕심을 부리지 않고 비워둔 공간이 많다는 것이다. 아마도 행복은 공기 같은 것이어서, 비워둔

당신은 이 컵에 여전히 더 작은 알갱이를 채울 수 있다.

공간에 스며드는 것 아닌가 싶다. 칼릴 지브란 Kahlil Gibran이 『예언자』에서 '함께 있으되 그대들 사이에 공간이 있도록 하십시오 그래서 하늘 바람이 그대들 사이에서 춤추도록 하십시오.'라고 말한 것처럼, 비어 있는 공간은 중요하다. 물질문명의 풍요 이후에 인류가 깨달은 바는 가득 찬 물건들이 행복을 보증해주지 않는다는 것이다. 오히려, 채우는 것보다 비워내는 것이 더 중요하다.

담백함은 발견한 행복을 누릴 수 있는 상태다. 복잡하지 않고 꼬이지 않았다. 그래서 행복이라 느껴지는 것을 경험했을 때, 거기에 여러 가지 의구심을 붙이거나 의문의 꼬리표를 달지 않고 그냥 있는 그대로 담백하게 행복을 누린다. 문득 하늘의 별을 바라볼 때, 혹은 퇴근길 노을을 바라볼 때, 비 오는 날의 빗소리와 바람 부는 날의 바람 소리를 듣거나, 오랜만의 친구 전화 덕분에, 아니면 따뜻한 커피 한 잔, 바스락거리는 이불 속 평화, 맛있게 익은 배추김치, 기분 좋은 세수, 산책길의 느긋함 등으로 인해 우리는 일상에서 작은 행복을 느낄 수 있다.

소박하고 담백한 마음 자세는 자신의 삶을 바라보며 만족할 수 있다. 삶의 여러 가지 상황이 100% 기대대로 되어서도 아니고, 자신의 모습이 완벽하다고 느껴져서도 아니다. 그저 '아, 그만하면 수고했네. 꽤 괜찮아.'라고 느끼기 때문에 만족한다. 자기 삶에 대해 만족하는 것이야말로 길게 유지되는 행복감 그 자체이다. '그만하면 괜찮은 수준'이라는 개념은 정신분석가 도널드 위니컷 Donald Winnicott에게서 비롯했다. 아이에게는 완벽한 어머니가 아니라 '그만하면 괜찮은 엄마 good enough mother'가 필요하다. 아이는 그러한 엄마에게 약간 실망하거나 좌절할 때도 있지만, 그만하면 진짜 괜찮고 충분하다. 우리는 우리 삶도 그러한 소박하고 담백한 시선으로 바라볼 수 있다. 완벽함이 필요한 것이 아니다.

자기돌봄

누군가를 돌볼 수 있는 능력은 소중하다. 자비, 측은지심, 공감, 배려 등 이 모든 것이 행위로 치환되어 나타나는 것이 '돌봄'의 형태가 아닐까 한다. 그러한 돌봄 능력 중에서 행복에 반드시 필요한 능력은 자기돌봄self-care이다.

 자기돌봄은 자신의 상태를 잘 살펴서 필요와 결핍을 충족시키고 신체적, 정신적 안녕을 유지할 수 있도록 하는 것이다. 자기돌봄은 종합적인 능력이며 신체적, 정신적, 관계적 측면에서 다양하게 이루어진다. 몸을 돌볼 때에 건강한 음식을 섭취하고, 규칙적이고 적절한 운동을 하며, 충분한 수면을 취하고자 노력할 수 있다. 정신적으로는 건강한 자존감을 가지며, 대체로 안정적인 감정 상태를 유지하고, 변화에 적응해 나가도록 스스로를 돌볼 수 있다. 대인관계에서는 가까운 사람들과 만족스럽고 좋은 관계를 유지하고, 다양한 인간관계에서 자신과 상대를 위할 수 있고, 우호적인 거리를 유지하며, 부탁이나 거절을 할 수 있는 능력을 키워간다.

 자신을 잘 돌볼 수 있는 사람이라야 사회에서 건강한 구성원의 역할을 해낼 수 있다. 자기돌봄이 가능한 사람이 행복을 누릴 수 있다는 것은 두말할 나위가 없다. 우리 자신을 조금 더 잘 돌봐주자.

유머와 웃음

행복한 사람들은 자주 웃는다. 그리고 자주 웃는 사람은 행복해진다. 웃음 치료에서는 웃을 일이 없다고 하더라도 그런 것과 상관없이 웃는 연습을 하도록 권한다. 거울을 보면서 입꼬리를 올리고 눈웃음을 지으면서 한껏 웃어보는 것이다. 웃음소리를 내서 웃는 연습도 한다. 실없어 보이겠지만, 자주 웃지 않는 성인에게 정서적인 측면이나 건강 면에서 도움되는 방법이다. 사족인데, 웃는 것과 비웃는 것은 글자 한 자 차이지만 결과는 상당히 다르다.

행복을 위해서 웃는 습관을 추천한다. 모든 습관은 연습을 통해 더 향상되고 더 익숙해지며 쉬워진다. 어렸을 때는 누구나 자주 웃지만 나이 들면서 웃음이 줄어든다. 사회생활을 위해 웃음을 장착하게 되면, 미소를 띠는 것에 대해 양가적인 마음이 들기 때문에 결국은 웃음의 빈도도 줄어든다. 웃을 때 얼굴의 모든 근육을 다 사용할 수 있는데(얼굴에서는 특히 눈과 입이 가장 움직임이 두드러진 신체 부위다.), 입꼬리만 올리고 웃는 것이 사회생활용 웃음의 대표적인 방식이다. 눈과 입이 둘 다 활짝 웃어야 진정한 웃음이라고 할 수 있다. 이것을 가리키는 용어도 있는데, '뒤셴 스마일'이다.

뒤셴 스마일Duchenne smile은 19세기 프랑스의 신경학자 기욤 뒤셴 Guillaume Duchenne이 만든 말로, 자연스럽고 진정한 미소를 뜻하며 얼굴의 특정 근육이 움직이는지 여부로 판단할 수 있다.

- **눈 주위 근육의 수축:** 눈으로 웃기 때문에 눈 주위 근육이 수축하며 주름이 생긴다.
- **입꼬리 근육의 수축:** 입으로 웃으면서 입꼬리가 위로 올라간다.

뒤셴 스마일로 활짝 웃어보자. 나의 웃음 근육이 내 삶 전체를 흔들 수 있도록!

환경의 해석

혼자서 외딴섬에 사는 게 아니라면, 우리는 외부 환경과 끊임없이 상호작용을 할 수밖에 없다. 우리 입맛에 맞는 외부 환경도 있겠지만, 어디 사는 게 그렇게 호락호락한가. 맞지 않는 환경을 훨씬 더 많이 만나게 된다. 우리를 둘러싼 환경을 어떻게 바라보고 어떻게 평가하며 무슨 의미를 부여할 것인지 함께 살펴보자.

영역 구분

외부 자극을 받아들일 때 가장 중요한 능력이자 기술은, 이것이 어디에 해당하는지 영역을 구분하는 것이다.

- 내게 속한 것인가?
- 상대방에게 속한 것인가?

자신에게 속한 것이면 그 문제를 고민하고 노력하면서 해결해나가야 할 것이고, 상대방(=외부)에게 속한 것이라면 결과와 과정을 마음에서 내려놓아야 할 것이다. 이것은 단순해 보이는 구분이지만, 살면서 고통받는 문제의 대부분은 저 영역을 분명하게 구분하지 못한 데서 비롯된다.

나와 외부의 영역이 겹치거나 혼동되는 대표적인 예는 제안이나 충고를 하는 상황이다. 다음 사례를 보자.

> 지은(가명)이는 고등학교 2학년 여학생인데 기말고사를 앞두고 엄마와 갈등을 빚고 있다. 지은이 입장에서는 시험을 잘 보라고 이것저것 간섭하는 엄마의 말이 짜증스럽게 들린다. 자신도 안다며 그만 말씀하시라고 얘기했는데도 엄마는 어떻게 말을 안 할 수가 있냐며 이것저것 챙기다가 점점 화를 낸다. 그러다가 결국 모녀간의 싸움으로 번지고 서로 감정이 상하곤 한다. 지은이는 스터디카페에 가겠다며 집을 나섰는데, 너무 스트레스 받아서 공부도 잘 안 된다고 한다. 자신도 공부해야 한다는 것을 알고 애를 쓰는데 잘 안 된다면서, 그럴 때 엄마가 얘기하면 화가 나고 자꾸 안 좋은 생각만 하게 된다는 것이다.

이 경우도 잘 살펴보면, 어떤 말을 하느냐는 말하는 사람의 선택이다. 제안이나 충고는 말하는 사람에게 속한 것이다. 충고를 듣는 입장에서 기분이 나쁠 수는 있지만, 상대방의 말을 바꾸는 건 어렵다. 말하자면, 그것은 듣는 사람에게 속한 것이 아니라 말하는 사람에게 속한 일이다. 그런데 듣고 나서 기분 나쁜 티를 내느냐 마느냐는 (지은이 입장에서) 자신의 태도와 행동이므로 스스로 선택할 수 있다. 제안과 충고를 따를 것인가, 참고할 것인가, 무시할 것인가 역시 선택할 수 있다.

상대방에게 영향을 끼치고 싶은 것은 인지상정이다. 그래서 간섭하는 사람들은 '이건 너를 위해서야.'라는 말을 꼭 한다. 지은이 어머니도 '학원은 갔다 왔냐, 학원에서 내준 숙제는 다 했냐, 그렇게 퍼질러 누워 있으면서 언제 공부 다 할래' 하면서 '다 너 잘되라고 하는 거야. 너를 위해서야.'라고 덧붙인다. 지은이는 그런 말을 들을 때마다 '누가 해달라고 했나? 그리고 나도 잘하고 싶지, 못하고 싶은 건 아닌데.'라고 느끼곤 한다.

상대를 위해서 한다지만 정말로 상대가 그것을 원하는지 어떻게 알 수 있는가? 혹은 그것이 상대에게 진정한 도움이 될 거라고 어떻게 확신할 수 있는가? 위의 예시에서 가장 좋은 해결책은 어머니가 지은이와의 관계에서 더 여유를 가진 어른답게 행동하는 것이다. 사람과의 관계에서 건강한 거리를 잘 유지하는 것, 상대를 존중하는 것이 어른다운 어른의 덕목이다. 잘 모르는 상대방에게 뭔가를 조언할 때는 최대한 우호적인 분위기에서 건네야 한다. 그래야 상대가 내용에 초점을 맞출 수 있기 때문이다. 자녀나 배우자와 같이 가족을 대할 때 적당한 거리를 유지하기가 가장 어렵다. 마음을 잡기가 어렵다고 생각되면 목소리나 분위기만이라도 잘 조절해보자.[1] 한결 좋은 결실을 맺을 것이다.

더 나아가서, 영역 구분의 차원에서 조언을 생각해볼 수 있다. 조언하는 사람은 자기 영역이 아닌 곳에 발을 들이밀고 있다는 것을 인정해야 한다. (자녀도 넓게 보면 내 영역이라 주장할 수 있겠지만, 그것은 어디까지나 영유아 시기부터 사춘기 이전까지에 해당하고, 자아가 성장한 자녀라면 그의 독립적인 심리적 개별성을 인정하고 배려해줘야 한다.) 그런 다음, 자신이 조언하고 싶은 욕구에 어느 만큼 자기 욕심이 투영되어 있는지 돌아봐야 한다. 그러한 성찰이 가능하면 감정을 절제할 수 있고 자기 욕구에 끌려다니지 않기 때문이다.

자녀를 비롯한 가족에게 하는 조언의 대부분은 이루지 못한 꿈에서 비롯된 대리만족, 주변과의 비교로 인한 상처 입은 자존심, 열등감, 자기 경험으로부터 얻은 깨달음과 지혜에 대한 과도한 확신(확인받고자 하는 심리가 저변에 있다.) 등에서 기인한다. 가족이 아닌 주변 사람에게 하는 조언도 내면 깊은 곳에서는 경쟁이나 시기, 질투, 우월의식 등의 영향일 수 있다. 이러한 점을 통찰할 수 있다면 조금 더 담백해질 수 있다. 기본적으로는 상대방의 영역을 침범하지 않는 사람이 심리적으로 건강하고 행복하게 살아간다. 영역을 침범하지 않으면서 상대방과 깊은 교류를 하는 사람들은 조언할 때도 담백하게, 욕심을 빼고 조언을 전달한다. 욕심을 판단하는 기준은 '내가 옳다는 생각', '상대가 내 말을 듣고 바뀌기를 바라는 기대감'으로 정의할 수

---

[1] 직접 말할 때 목소리를 따뜻하게 조절하기 어렵다면 글로 쓰는 것도 좋은 방법이다. 글로 쓰다 보면 더 차분해지게 되고 상대방에게도 전달하고자 하는 말의 뜻을 잘 전달할 수 있다.

피터르 브뤼헐 Pieter Bruegel the Elder, 〈영아 학살 The Massacre of the Innocents〉(1565~1567)

이 작품은 영아 학살이라는, 성경에 나온 사건을 스페인의 네덜란드 점령 당시의 장면으로 바꾸어서 표현한 것이다. 아기 예수가 태어난 뒤 유대 왕 헤롯은 베들레헴 근처에 있는 두 살 이하의 남자아이를 모두 죽이라고 명령했다. 얼마나 끔찍했을까. 이해할 수 없고 수용할 수 없지만, 삶에선 가끔 그런 일이 발생한다. 그리고 그보다 덜 끔찍하지만 힘들고 어려운 일이 생기곤 한다. 우리를 둘러싼 환경은 결코 유순한 봄날만 있는 게 아니다.

있다.

조언을 받는 사람의 경우, 상대의 조언에 반박하지 않아야 한다. 상대를 바꾸는 것은 거의 불가능할뿐더러 자기 에너지만 낭비하는 일이다. 상대가 말을 하면 그 상황에 어느 만큼 오래 머무를 것인지 결정할 수 있고, 오래 있고 싶지 않다면 상대방의 말을 호의적으로 인정해주고 노력해보겠다는 말로 마무리 지을 수 있다. (그렇게 하지 않으면 대개 끝나지 않는다.)

앞의 지은이 사례는 단순한 예이지만 실제 사람들이 살면서 겪는 각종 스트레스 상황은 영역을 혼동한다는 점에서 비슷한 유형이라고 할 수 있다. 명절날 친척들이 모여서 주고받는 말로 인해 상처받는다든가, 연애할 때 일어나는 크고 작은 다툼 상황, 결혼 이후 넓어진 관계(예: 시댁 또는 처가)에서 다양한 요구를 받을 때, 친구나 직장 동료와의 사이에서 갈등을 겪을 때 등 영역 구분 문제는 폭넓게 해당된다. 다만, 일과 관련한 수직적 관계나 갑을 관계에서 갈등이 있다면, 이는 영역 구분의 문제 외에 심리적, 실제적 권력이 개입한 것이므로 문제가 더 복잡하고 어렵다. 그래도 해결의 기본은 동일하다. 고통을 주는 덩어리의 어느 부분이 누구의 영역인지 구분을 잘하는 것에서 출발하고, 내 것이 아닌 것은 마음에서 과감히 쳐 내고, 내 영역에 속한 것은 스스로 결정한 뒤 책임지면 된다.

각자의 삶에서는 각자가 주인공이다. 누구도 삶을 대신 살아 줄 수 없다. 자신의 삶은 자기가 결정한다는 것을 확실하게 믿으면 주변의 말에 휘둘릴 것 같은 상황에서 한발 옆으로 비켜서는 여유를 가질 수 있다.

평가 소화

좁은 국토에 많은 인구가 함께 살아가기 때문에 그런 것일까. 우리나라 문화에서는 평가가 정말 과하다 싶을 만큼 빈번하다. 초면에 나이나 결혼 여부를 묻는 나라가 그리 많지 않다고 들었는데, 우리에겐 흔한 질문이다. (몇 살이세요? 결혼하셨어요?) 예의를 조금 차린다면, '죄송하지만' 정도를 앞에 붙이는 거라고 해야 할까. 몇 가지 정보를 건네게 되면, 그다음에는 그에 따른 이런저런 평가를 피할 수 없다.

초중고등학교를 거치면서 학생들이 경험하는 교육과정에서의 평가는 또 어떤가. 학년이 올라갈수록 전방위적으로 평가에 대비하고 평가를 중심으로 학창 생활을 한다. 이후 대학에서나 취업 과정에서 평가를 받고, 직장생활을 하면서도 평가를 받는다. 이처럼 공식적인 평가도 있고, 사람 사이의 평판과 같은 비공식적인 평가도 있다. 평가와 관련해서 힘들거나 부정적인 경험을 하다 보니 우리에게는 대부분 크든 작든 평가 혐오증이 있다.

평가에 대해 생각을 잘 정립하는 것은 행복을 경험하는 데 중요하다. 우선, 평가를 크게 두 가지로 나누면 외부로부터의 평가와 자기 평가가 있고, 외부 평가는 다시 활동 및 성취에 대한 평가와 인간관계에서의 평가로 나누어 볼 수 있다.

1. 활동 및 성취에 대한 평가

활동 및 성취에 대한 평가는, 활동의 중간 요약본이다. 요약본이기 때문에 당사자가 중요하게 생각하는 어떤 내용이 생략되기도 한다. 잊지 말아야 할 것은, 성취에 대한 평가는 여러 가지 버전이 있을 수 있다는 점이다. 누가 평가하는지에 따라 각각의 버전은 관점과 내용이 다를 수 있다. 그러니 하나의 평가 버전에 지나치게 얽매일 필요가 없다. '중간' 요약본이라는 점도 기억해야 한다. 어떠한 평가도 최종본일 수 없다. 살아가는 동안 우리는 여러 가지 다양한 종류의 여정을 만나게 되고 그 각각의 경로에서 여러 번 평가를 받는다. 아무리 중요한 평가라고 하더라도 한 사람의 인생을 결정짓지는 못한다. 물론, 평가를 받기 전에 그런 느낌을 받을 수는 있다. 하지만 삶은 늘 우리가 기대했던 것과는 다른 의외성을 지니고 있다. 그래서 그 길을 다 걸어보기 전에 포기할 필요도 없고, 미래가 이러저러할 것이라고 지레짐작할 필요도 없다.

    활동이나 성취에 대한 평가가 가지는 또 다른 의의는 한 번씩 매듭을 지어 준다는 점이다. 삶에서 매듭은 리듬을 만들어주고 생기를 가지게 한다. 삶이 끝없이 영원히 이어진다면 그것은 살아있는 것일까 죽은 것일까. 빛은 어둠이 있어서 깊어질 수 있고, 우리가 생기를 지니는 것은 언젠가 다가올 죽음이 우리를 받쳐주기 때문이다. 이별이 있기 때문에 만남이 의미 있고, 끝나는 지점이 있다는 것을 알기 때문에 숨이 턱에 차도록 달릴 수 있다. 노력한 기간이든, 노력한 대상이든 평가로 인해 그것이 완성된다. 설사 완벽하지 않더라도(당연히 완벽할 수 없다.) '여기까지'라고 매듭을 지을 수 있기 때문에 완성이라 부를 수 있다.

2. 인간관계에서의 평가

인간관계에서의 평가는 그 사람의 됨됨이가 어떠하다는 주관적, 복합적 과정이다. 아마도 인간관계를 맺는 모든 사람 사이에서 발생하는 평가일 것이다.

우리가 타인을 평가할 때와 타인이 우리를 평가한 것을 받아들일 때 각각 고려해야 할 점이 있다. 전자의 경우, 아무리 부정적으로 느껴지는 사람이라고 하더라도 긍정적인 면이 있을 수 있다는 점과, 좋게만 느껴지는 사람 역시 부정적이거나 약점이 있다는 것을 인정해야 한다. 상대방에 대해 전적으로 긍정적 평가를 내리거나 혹은 전적으로 부정적 평가를 내린다면, 이것은 사람에 대해 미성숙한 인식을 가진 상태다. 긍정적 면만 있다고 느껴진다면 상대를 '이상화'하는 것이다. 흔히 연애 초입 단계에서 이러한 이상화가 나타난다. 그렇지 않은 경우의 이상화는 심리적으로 상대에게 의존하고자 하는 마음에서 비롯되며, 언젠가 자신의 환상이 깨어졌을 때는 상대에 대해 강한 분노를 느끼게 된다. 전적으로 부정적 평가를 내리는 경우는 '내 편 네 편'을 나누어서 상대를 악당쯤으로 생각하는 경우다. 성숙한 평가 방식은 상대로부터 부정적인 면과 긍정적인 면 모두를 보고 인정하는 것이다.

타인이 우리를 평가한 것을 받아들일 때, 기억하면 좋은 사실 두 가지가 있다.

첫째, 평가는 일방향이 아니라 '양방향적'이다. 성장 과정에서 평가를 받는 것을 더 많이 경험하기 때문에 자신도 모르게 '평가 = 당하는 것'이라고 느낄 수 있지만, 한 해 한 해 나이 들수록 삶에서의 평가는 양방향으로 이루어진다. 나이가 들고 지위가 올라가면 타인을 평가하는 일이 더 잦아서 자신도 평가받는다는 것을 잊어버릴 수 있지만, 그때에도 여전히 평가는 양방향으로 이루어진다. 평가의 양방향성을 인정하면 평가 앞에서 조금 더 당당하고 진실해질 수 있고, 평가를 겁내거나 회피하지 않고 일상의 한 부분으로 수용할 수 있게 된다.

둘째, 인간관계에서의 평가는 거울이라고 생각할 수 있다. 나의 삶 매무새를 가다듬을 수 있도록 도와주는 거울인 셈이다. 우리는 집 밖으로 나가기 전, 거울 앞에 서서 옷매무시를 다듬고, 얼굴을 정리한다. 식사하고 나서도 마찬가지로 거울을 보고 치아에 고춧가루가 끼었으면 빼낸다. 그 거울이 바로 여기서 말하는 평가라고 생각하면 된다.

3. 자기 평가

모든 사람은 자기 자신을 늘 평가하며 산다. 내가 잘했는지, 괜찮은 사람인지, 매력 있는지, 능력 있는지, 오늘 하루는 어땠는지, 남들에 비해서 어떤지 항상 평가한다. 평가가 자동으로 이루어져서 평가한다는 의식을 하지 못하는 경우도 있다. 그만큼 흔하고, 자기 평가에서 자유로운 사람은 아무도 없다.

자기 평가는 균형을 잡기가 참 어렵다. 지나치게 자신에게 혹독한 사람이 있는가 하면, 자신을 과하게 너그럽게 평가하는 사람도 있다. 긍정적인 면과 부정적인 면을 볼 수 있고, 하나의 평가에 지나치게 의미를 부여하지 않고 더 큰 전체로서의 자신을 볼 수 있어야 하는데, 사실 그렇게 하기란 쉽지 않다. 특히 부정적인 자기 평가를 하게 될 때 그렇다.

　별로 마주하고 싶지 않은 자신의 모습, 생각하고 싶지 않은 것이 떠오를 때는 균형 잡힌 시선으로 평가하지 못한다. 마음에 들지 않는 자기 모습이 마치 전부일 것 같아 답답하기도 하고, 그런 모습에서 변화하지 못할 것 같아 두려울 수도 있다. 하지만 변화의 첫 단추는 자신에 대해 돌아보는 자기 평가다.

　혹시 자기 평가에서 너무 박한 평가를 하는 사람이라면 이런 연습을 해볼 수 있다. 자신을 타인 대하듯 조금 객관적으로 바라보라. 자기 자신이 아니라 주변 인물이라 생각하고 자신이 처한 상황이나 조건을 대입해서 평가해보자. 그렇게 해도 똑같은 말을 하겠는가? 아마도 아닐 것이다. 이중 잣대를 가지고 살지 말자. 유독 자기 자신에게 평가가 야박한 사람들은 어쩌면 마음속에 나르시시즘이라는 칼날을 숨기고 있는지도 모른다. 행복해지기 위해 그 칼을 내려놓고, 불완전한 삶을 관대하게 지켜봐 주자.

3
타고난 성격

 움직이는 돌, 또는 이동하는 돌이라고 알려진 현상이 있다. 전 세계적으로 관찰되는 현상인데, 널리 알려진 예는 미국 캘리포니아주 데스밸리 국립공원의 움직이는 돌이다. 그곳의 돌이 수백 미터에 걸쳐서 긴 자국을 남기면서 움직였다. 움직인 자국은 직선, 곡선, 지그재그 형태로 다양하게 나타났다. 돌은 왜, 어떻게 움직인 것일까?

 오랫동안 미스터리였던 그 현상은 후일에 과학자들이 이유를 밝혀냈다. 얇은 얼음층이 생기고 녹으면서 얼음판이 깨지는 과정에서 돌을 밀어서 이동시키는 것이다. 즉, 물과 얼음, 바람, 햇빛 등 자연현상이 특정 조건을 만들었을 때 결과적으로 돌이 조금씩 이동하게 된 것이다.

 성격도 그러하다. 바라보고 있으면 안 움직이는 것 같지만, 지나온 발자취를 만들어내고 어디론가 움직이고 있다. 10대의 성격 그대

빈센트 반 고흐, 〈조제프 미셸 지누의 초상Portrait of Joseph-Michel Ginoux〉(1888)

고흐는 가난했고 모델을 구할 여력이 없어서 종종 주변 사람들을 그렸다. 조제프 미셸 지누는 고흐가 잠시 살았던 Café de la Gare의 집주인이다. 고흐는 방세 문제로 그와 언쟁을 벌이기도 했다. 그림 속의 아저씨는 약간 몸을 뒤로 젖힌 것 같다. 굳이 화가를 내려다보고 싶었기 때문일까. 얼굴은 군데군데 각이 져 있고 인상도 호락호락해 보이지는 않는다. 잘 차려입은 옷에서 고흐의 처지와는 다른 경제적 여유가 느껴진다. 얼굴과 자세에는 살아온 인생이 녹아 있다. 우리는 카페 주인 지누를 만나지 못했지만, 그림에서 받는 느낌으로 그의 성격을 조금은 짐작해볼 수 있다.

로 50대를 살아가는 사람은 없다. 강도에 있어서 더 강해지거나 약해지고, 성격에 '습'이 붙어서 여러 가지 특징을 만들어낸다. 여기에 의도나 노력은 그 방향을 조금씩 조절해 나가는 방향타가 된다.

행복과 성격

행복과 관련된 성격 특성으로 심리학 분야에서 학술적으로 이루어진 연구는 주로 '빅 파이브'라고 하는 성격 특성이다. 20세기 후반 들어서 긍정심리학이 출범한 뒤에는 VIA Virtues in Action라 하는 심리적 강점과 덕성 체계를 중심으로 이루어졌다.

1. 빅 파이브 성격과 행복

빅 파이브 성격 특성 Big Five Personality Traits은 성격을 이해하는 이론적인 틀로서 다섯 가지 성격 특성으로 구성된 이론이며 5요인 모델 the Five Factor Model이라고도 한다. 다섯 가지 특성 중 특히 외향성과 정서적 안정성[2]은 해당 특성이 강할수록 더 행복하다고 여러 연구에서 보고되었다. 우호성과 성실성도 특성이 강할수록 더 행복함을 느낀다고 나타났다. 이후 지속된 연구에서 외향적인 사람이 더 행복한 이유로, 이들은 좌뇌 활동이 활발하고 뇌의 세로토닌 수치가 높았음이

---

[2] 정서적 안정성 대신 그 반대인 신경증적 경향 또는 신경증, 신경과민 지수를 사용하기도 한다. 처음 5요인 모델이 만들어졌을 때는 신경증 neuroticism이라는 요인을 썼는데, 다른 성격 요인들은 강할수록 긍정적인 요인인 데 비해 신경증은 반대였으므로, 이후에 '정서적 안정성'으로 변경하였다.

밝혀졌다. 세로토닌은 '행복 호르몬'이라 불리는 신경전달물질이다. 도파민이 흥분과 쾌락에 관여한다면 세로토닌은 평온한 행복에 관여한다.

1. 외향성: 외향적인 사람들은 더 많은 사회적 상호작용을 즐기며, 다른 사람들과의 관계에서 만족을 얻는 경향이 있다. 여러 연구에서 외향성은 높은 수준의 행복과 관련이 있다고 나타났다.

2. 정서적 안정성: 정서적 안정성이 높으면 대체로 차분하고 편안하다. 이와 반대되는 특성은 신경증적 성향인데, 불안하고 감정기복이 있으며 여러 가지 부정적인 감정을 경험한다.

3. 우호성: 대인관계에서 우호성이 높으면 상대방에게 친절하고 온화하다. 우호성이 낮은 경우 비협조적이거나 짜증을 내고 무례한 편이다.

4. 성실성: 성실성은 목표를 달성하기 위해 노력하고, 끈기가 있으며 신뢰할 만하고 체계적인 특성이다. 성실성이 낮으면 자기 통제력이나 목표에 대한 노력의 정도, 인내심이 낮은 편이다.

5. 개방성: 경험에 대한 개방성을 의미하며, 새로운 경험을 추구하고 즐기는 정도를 나타낸다. 개방성이 높으면 창의적이며, 개방성이 낮으면 관습적이며 실제적인 편이다.

외향성이라든가 정서적 안정성 또는 신경증적인 정도와 같은 성격 특성은 대체로 유전적 소인을 바탕으로 형성되며 이후에 잘 바뀌지 않는다. 그런데 이러한 성격이 행복과 높은 관련성을 보이기 때문에 심리학자들은 행복이 유전에 의해 결정되는 측면이 있다고 본다. 심지어 행복이라는 것도 변하지 않고 유지되는 하나의 성격 특성이라고 보는 견해도 있다. 하지만 주된 의견은 살아가면서 겪는 경험과 개인의 의지 및 노력 여하에 따라 성격도, 성격이 행복에 미치는 영향도 변화될 수 있다고 본다.

2. 성격 덕성과 대표 강점

심리적인 강점으로서의 성격 덕성에 대한 분류는 마틴 셀리그면Martin Seligman과 크리스토퍼 피터슨Christopher Peterson이 개발한 VIA를 통해 정립되었다. VIA 분류 체계는 아래에 제시된 6개의 주요 덕목과 그 덕목에 속하는 전체 24개의 성격 강점으로 구성되어 있다. 여러 연구를 통해 VIA 강점과 행복 간의 긴밀한 관계가 입증되었다. 특히 감사, 희망, 유머 등은 행복과 아주 관련이 깊다. 자신의 성격 강점을 잘 활용하고 개발하면 삶의 만족도도 더 높아지고 행복도 더 커지게 된다.

1. 지혜: 창의성, 호기심, 개방성, 학구열, 지혜
2. 자애: 사랑, 친절성, 사회지능
3. 용기: 용감성, 끈기, 진실성, 활력
4. 절제: 용서, 겸손, 신중함, 자기조절
5. 정의: 시민정신, 공정함, 리더십
6. 초월: 감상력, 감사, 낙관성, 유머 감각, 영성

MBTI와 행복

주류 심리학이나 학술적인 심리학 주제는 아니지만, 요즘 가장 핫한 성격 용어는 MBTI 성격유형이다. 아마도 이전의 혈액형별 성격을 대체하지 않았나 싶다. MBTI는 마이어스-브릭스 유형 지표Myers–Briggs Type Indicator이며 성격을 크게 4가지 기둥으로 나눈다. 내향-외향, 감각-직관, 사고-감정, 인식-판단.

실생활에서 MBTI의 장점은 크게 두 가지다. 하나는, 나와 상대방의 차이를 인정하도록 도와준다는 것이다. 차이에 대한 인정은 정말 소중하다. 관계에서 문제가 생겼을 때 이를 해결해 나가는 강력한 방법 중의 하나는 서로 다름에 대한 인정이다. 다르다는 것을 설명해주더라도 이를 구체적으로 수용하기는 어려운데, 유형이 나눠지는 성격검사는 상대방과의 차이를 더 직접적으로 제시해줘서 '다르구나' 하는 점을 받아들이기 쉽게 해준다.

두 번째 장점은, 대척점에 있는 특성에 대해 관심을 가지도록 해주고 그 부분을 개발하고자 하는 동기를 부여해준다는 것이다. 성격 특성마다 각 꼭짓점은 서로 상보적인 관계가 된다. 외향은 내향과, 감각은 직관과, 사고는 감정과 상보적이다. 내향적인 사람은 외향적 특성에 대해 고려해보는 것이 필요한 순간을 만나게 되고, 감각 위주의 사람 역시 직관을 개발하는 시기에 다다르게 된다. 사고형으로 살아왔다면 감정을 더 소중하게 가꾸어야 할 때가 있을 것이다. 그리고 이 반대도 모두 마찬가지다. 그 얘기를 행복의 관점에서 해보자.

가장 큰 차이를 보이는 행복의 색깔은 내향-외향 차이에 있다. 내향적인 사람들의 행복은 좀 더 개인적이고 은밀하다. 외향적인 사람들의 행복이 밖으로 뻗어나가고 소란스러운 축제에 가깝다면, 내향적인 사람들은 안온하고 잔잔한 행복을 즐긴다. 두 유형이 살면서 만나는 어려운 순간도 결이 다르다. 외향적 사람들의 경우 심리적 에너지가 고갈되면서 이전처럼 즐거운 일을 계속 추구하지만 짜증스러운 상황을 자주 만나게 된다. 사람들과 만나는 게 즐겁지 않다고 느끼는 것도 이즈음이다. 개인의 에너지 고갈과 외부의 상황이 무슨 상관인가 싶겠지만, 이 둘은 서로 연결되어 있기도 하고 상호작용도 한다. 외부 상황은 많은 양의 물이 흘러가는 것과 비슷해서, 둑이 약한 곳을 터뜨릴 수 있는데 각 개인의 심리적 힘, 심리적 강도가 '둑'이 되는 것이다. 외향적 사람들은 자신의 약한 부위를 단단하게 만들 방법을 고민하고 준비하면서 살아가야 한다.

내향적 사람들은 외부의 간섭이나 적응이 필요한 상황을 적게 만나면 괜찮은데, 현대 사회의 삶은 그렇지 않다. 의무교육이 시작된 순간부터 사회 구성원으로 살아가는 내내 적응을 요구하는 환경과 만난다. 그래서 이들에게 필요한 것은 사회적 기술을 연습하고(사회적 기술도 하나의 새로운 언어라고 생각하면 마음이 한결 가벼울 수 있다.), 새로운 방식의 호연지기를 기르는 것이다.

감각과 직관의 경우를 보자. 감각이 발달한 사람들은 구체적이고 현실적인 능력이 뛰어나다. 이들은 발달한 감각만큼이나 그러한 감각을 사용한 경험에서 더없는 즐거움과 행복을 누린다. 감각이 덜 발달한 사람들은 굳이 가보지 않아도 된다고 생각하는 것에 비해, 발달한 감각을 지닌 사람들은 직접 가서 체험하는 것을 중요하게 여긴다. 체험을 통해 배우는 것은 감각형 사람들의 큰 장점이다. 그런데 모든 것을 체험할 수는 없을뿐더러, 감각 체험은 필연적으로 에너지 소모가 동반된다. 감각경험을 통한 즐거움이 오래 지속가능한 것이 되려면, 지루함을 견디는 능력을 키워야 한다. 반복적인 일상과 일상 속의 자기 루틴을 잘 지켜나갈 수 있는 능력이 있으면 감각형 사람들의 즐거움은 꽤 오래 건강하게 유지될 수 있다.

직관형의 사람들은 아이디어가 뛰어나다. 개중에는 실현 불가능하거나 비현실적인 것들도 더러 있지만, 기본적으로 이들은 상상과 공상의 힘을 자유롭게 활용한다. 상대적으로 덜 발달한 부분은 현실화시키는 능력이다. 이들의 지속가능한 행복을 위해서는 손과 발을 더 자주 사용해야 한다. 머리는 이미 많은 일을 하고 있기 때문에 더 사용하지 않아도 된다. 손을 사용해서 직접 뭔가를 고치거나 매만지는 게 좋다. 자기가 사는 공간에서부터 시작하는 것도 도움이 된다.

사고형과 감정형에 대해서도 생각해 보자. 사고형은 자기 안의 여성성을 좀 일깨워보면 행복에 도움이 된다. 남자든 여자든, 여성성을 가지고 있다. 품어줄 수 있고 인내할 수 있으며 기꺼이 사랑할 수 있는 능력을 키우는 것은 특히 사고형 사람에게 좋은 균형감을 가져다준다.

감정형이라면 냉철한 생각을 하는 것까지는 어렵다고 하더라도, 어떤 상황이나 사건을 받아들일 때 문제를 다른 방향에서 보는 목소리를 하나쯤 더하는 연습을 해보자. 감정이 폭포수처럼 흐를 때는 한쪽으로 강하게 치우친다. 그럴 때 다른 목소리를 내거나 듣는 연습이 필요하다.

직관형이면서 사고형의 경우(N과 T가 둘 다 강하면) 이상주의자의 경향이 강한데, 이상화가 지나치면 행복을 저해할 수 있다. 뭔가를 생각할 때 이상적인 상태를 떠올리는 것이 뭐가 잘못된 일이겠는가. 그런데 타인에 대해서든 사회에 대해서든 이상적인 기준을 가지고 있으면 결국에는 실망하면서 비판하기 쉽다. 비판이 깊어지면 분노가 된다. 그 분노는 잘못된 것을 바로잡는 힘이 될 때도 있는데, 그렇지 못한 경우 당사자의 정신을 병들게 하는 재료가 되기도 한다.

정신분석적 관점에서 보면, 이상화는 공격성을 깔고 있다. 상대방을 이상화하면서 좋아할 때 그저 상대를 좋게만 보고 있어서 어떤 공격성도 없을 것처럼 보인다. 그런데 그렇지 않다. 이상화는 상대방의 행동이나 태도, 삶을 상당히 제한하는데 그 제한에서 벗어나 다른 모습을 보이면 이상화하던 사람은 상대를 향해 격렬하게 분노할 수 있다. 직관형이면서 사고형인 사람이 행복하게 살아가기 위해서는, 자기 안의 이상화 경향을 한 번쯤 살펴봐야 한다. 이상주의를 가지고 있되, 사람에게서 발견되는 나약함과 부족함을 공감적으로 포용해 줄 수 있으면 좋다. 아니면, 이상주의를 좀 털어내거나.

계획적이고 조직적인 판단형과 융통성이 있고 즉흥적이며 탐색 지향적인 인식형은 생활 방식이나 일상적 결정을 내리는 데 상반되는 특성이 있다. 판단형은 개방성과 가능성 탐색에 대해 조금 더 마음을 열고 '그럴 수도 있구나'를 연습하고, 인식형은 결단력과 체계가 지닌 아름다움을 음미해 보는 게 좋다.

성격도 결국 연습하기 나름이다. 성격이 고정불변이라는 생각도

근거가 없지는 않지만, 성격의 변화는 가능하다. 마치, 천천히 움직이는 돌과 같다.

4
생각 줄이기

행복해지려면 생각을 줄이는 것이 도움이 된다. 생각이 많으면서 행복하기는 어렵다. 사람들이 하는 생각의 대부분은 '왜'라는 질문이다. 왜 이런 일이 생겼는가, 저 사람은 왜 내게 그렇게 말했는가, 왜 나는 이것밖에 되지 않는가, 그때 왜 그랬을까.

'왜'와 행복

우리가 변화하는 날씨에 대해서 왜 날씨가 이렇게 되었냐고 묻지 않듯이, 이미 벌어진 일에 대해서 왜 그런 일이 생겼는지 끊임없이 천착하는 것은 마음의 병이 될 뿐이다. 삶에서는 어떤 일도 벌어질 수 있다. 우리가 그런 일에 대해 좋아할 수도 싫어할 수도 있지만 말이다.

'왜'라는 질문 다음으로 우리의 생각을 점령하는 것은 과거에 대한 집착이거나 현재의 불안과 과장된 평가, 미래의 걱정이다. 과거에 벌어진 일은 이미 지나간 것이므로, 그다음 단계로 마음이 나아가야 한다. 그런데 나아가지 못하고 과거 어느 시점에 고착되어 있다면 이것은 불행한 일이거나 미련한 집착이다. 현재 반복적으로 하는 걱정이나 과장된 평가가 행복을 침해하기도 한다. 혹은 미래에 벌어질 일을 앞당겨 걱정하며 온 신경이 가 있다면, 현재 살아가는 시간을 미래에 저당 잡힌 것이나 다를 바 없다. 그 생각만 하고 있다면 거기에 고착된 것이다.

삶은 변화한다. 하루하루의 일상에서 별다른 변화가 없는 듯해도, 삶은 조금씩 천천히 변화하고 있다. 가끔, 뒤돌아보면 꽤 빠른 속도로 변화해서 깜짝 놀라기도 한다. 삶이 흐르고 있으며 바뀌고 있다는 것을 인정하지 않는다면 우리 마음만 힘들어진다.

나이가 들면 누구나 신체 기능이 약화하고 노쇠해진다. 뜨거웠던 열정이 식기도 하고, 중요하게 생각하는 것이 바뀌기도 한다. 내가 달라지기도 하고 상대가 변하기도 하며 사회와 세대가 바뀌기도 한다. 늘 함께 있을 것 같았던 대상(부모님, 배우자, 친구, 동료 등)이 먼저 세상을 떠나기도 하는데, 궁극적으로 우리 중 그 누구도 죽음을 피할 수는 없다.

변화를 수용하고 적응해 나가지 않고 '왜 이렇게 되었을까'에 집착하는 태도는 우리 고통을 길게 할 뿐이다. 상담을 받으러 오는 사람들 중 의외로 많은 사람이 변화를 받아들이지 못해서 고통스러워 한다. 과거에 대한 집착이다. 10년도 더 지난 일인데 잊을 수 없다든

페르디낭 호들러 Ferdinand Hodler, 〈샤베리에서 본 제네바 호수 Le lac Léman vu de Chexbres〉
(1904)

호들러는 영적인 것에 관심을 기울였던 상징주의 화가이다. 여덟 살 때 아버지와 두 동생이 결핵으로 사망했고 어머니마저 호들러가 열네 살 때 돌아가셨으니, 어린 시절 가족의 죽음을 연달아서 경험한 에드바르 뭉크와 비슷한 고통을 겪었다고 할 수 있다. 호들러의 작품에는 죽음과 고통, 삶의 의미에 대한 물음이 계속해서 표현된다. 그럼에도 어두움으로 기울어지지 않은 것은 그가 끊임없이 자연으로 회귀했기 때문이다. 살면서 만나는 고통에 천착하며 '왜'라고 질문만 던졌다면, 이토록 빛나는 고요함과 아름다움을 그릴 수 없었을 것이다.

가, 수십 년이 지난 일인데도 마치 며칠 전의 일처럼 억울해하고 흥분하면서 얘기하는 경우가 있다. 그러한 집착을 이해하고 수용하는 과정에서 '놓아버리기'와 '띄워 보내기'를 연습한다.

아무리 힘든 일이었다 하더라도 수십 년이 지나도록 상처와 배신을 되새기며 여전히 독한 미움을 놓아버리지 못한다면, 그 사람은 지금 현재 자기의 소중한 시간을 탕진하는 셈이다. 어쩌면 그래서 나이가 들면서 기억력이 조금씩 쇠퇴하는 것은 신의 축복일지도 모른다.

누구나 살아가면서 희로애락을 경험한다. 좋았던 것도 많았겠지만, 기억에 또렷이 더 오래도록 남는 것은 슬픈 일, 아팠던 일, 고통스러웠던 일, 견뎌내야 했었던 일 등이다. 이런 기억들이 많을 수밖에 없는 게 인생인지도 모른다. 그래서 앞으로 나아가는 분명한 방향성을 가지지 않는다면 마음은 관성에 따라 과거로 회귀할 것이다.

과거에 집착

사람들이 집착하는 과거의 양상은 크게 두 가지다. 성공하고 좋았던 기억에 대한 집착과 힘들고 아팠던 기억, 또는 억울하고 화가 나는 기억에 대한 집착이다.

좋았던 기억을 곱씹는 것은 일종의 향유 과정으로, 행복한 감정에 젖게 해준다. 그런데 과할 경우, 불만족스러운 현실을 덮어두는 가림막 같은 역할을 하는 셈인데, 가림막을 오래 덮어둘수록 현재에 집중하는 힘은 약해지기 마련이다.

상담에서 만난 수현 씨(가명)는 40대 중반의 주부인데 20대 초반에 자신이 얼마나 날씬하고 아름다웠는지 자주 얘기한다. 자신을 좋아하던 남자가 여러 명이었고, 앞다퉈서 꽃과 선물을 바치던 남자들 때문에 힘들었다며 마치 그런 일이 엊그제 있었던 것처럼 말한다. 그런데 그것은 20대 초반의 경험일 뿐이다.

나는 상담자로서 수현 씨의 찬란한 과거가 현재에 어떤 의미일지에 대해 곰곰이 생각해본다. 아마도 부부관계에서의 불만족, 현재 자신의 모습(그것이 성취에 대한 것이든 주변 사람과의 관계에 대한 것이든)에 대한 실망이나 불만족, 나르시시즘을 가진 성격, 20대 이후로 성장하지 못하고 멈춰지다시피 한 심리발달상태 등이 복합적으로 영향을 줬을 것이다.

큰 아픔을 겪거나 억울하고 화가 나는 사건을 겪었을 때도 사람들은 과거에 발목 잡힌다. 자신이 받은 상처를 마음속으로 곱씹으면서 끝없이 슬픔과 고통을 되새김질한다. 그 고통은 미워할 대상을 찾으면서 더 커진다. 드물지만 분노의 에너지로 잘못된 것들을 바로잡고 개혁해 나가기도 하는데, 그런 경우는 진정 진흙 속에서 피워낸 연꽃이다. 그러한 경우를 제외하면 과거에 대한 무한 기억 반복은 마치 레코드판이 튀어서 같은 구간의 음악만 계속 재생되는 오류와 같다.

어쩌면 과거를 다시 끄집어내서 생각 속에서나마 그때 상황을 달라지게 만들고 싶어서일 수도 있다. 과거 특정 사건을 무한히 되새김질하는 것은 상황을 변모시키고 싶은 무의식적인 소망에서 기인한 것일 수도 있다. 예를 들어, 뭔가 실수했거나 부끄럽고 민망했던 순간이 있다면, 혼자 '이불 킥' 하면서 그 상황을 다시 떠올리는데, 대부분은 '아, 내가 그때 바보처럼 그렇게 하지 말고 이렇게 저렇게 했어야 하는데….'라는 대안을 스스로 내놓는다. 비록 이번에는 못 했지만 다음번에 비슷한 상황이 오면 해결책을 쓸 수도 있을 테니, 부끄러웠던 기억을 다시 떠올리는 것이 밑지는 일은 아닐 것이다.

고통스러운 기억을 무한반복해서 떠올리는 것의 또 다른 장점(이건 반어법이다.)이라면, '불행 배틀'에서 이길 수 있다는 것이다. 불행 배틀의 시작은 주변의 관심과 동정을 얻어낸다는 것이고, 그 끝은 이기고 나서 비련의 주인공 타이틀을 거머쥔다는 것이다. 대개의 불행 배틀은 술자리의 운치를 깊게 해주는데, 이게 묘한 중독성이 있어서인지 불행한 과거를 무기로 삼는 사람들은 웬만해선 그 무기를 내려놓지 못한다.

현재의 과장

현재 경험을 과장되게 받아들이는 것도 압도적으로 많은 생각의 홍수를 가져온다. 지나친 일반화나 과도한 의미 부여는 견디기 힘든 고통이 된다. 성격이 예민해서 사람 사이에 벌어지는 일을 다소 민감하게 느낀다든지, 어떤 일의 의미를 너무 크게 부여한다든지, 더 이상 버티기 어렵다고 단정 지어 버리면 이 모든 생각이 그 사람을 짓누르게 된다. 그때는 작은 일도 큰 것이 되어서 사람을 압도해버린다.

삶에서 모든 것은 나름의 의미와 소중함을 지니고 있다. 그러나 그 어떤 부분도 전체로서의 삶을 규정짓지는 못한다. 현재에 어떤 경험을 하든, 지나고 나면 삶의 일부일 뿐이다. 죽지 못해 사는 것 같은 시간도 지나고 나면 '힘들었었지'라는 말로 묶어서 부를 수 있는 하나의 조각이다. 결코 그 시간이 한 사람의 전부가 되지는 않는다.

자기 삶에 큰 영향을 미치는 일이라면, 멀리 내다보면서 시간의 조망을 확장하는 것이 좋다. 현재를 살아가면서 과거나 미래의 노예가 되지 않는 것이 중요하다. 현재 겪는 일에 생각이 온통 묶여버릴 때는 새롭게 방향성을 정립하기 위해 앞일을 조금 길게 내다보자.

미래의 불안

미래에 대한 생각에 사로잡히는 경우, 대개 그 내용은 각종 불안과 걱정이다. 잘 안될 거야, 망할지도 몰라, ~하면 어떡하지 같은 형태로 걱정이 꼬리를 물고 올라온다. 이러한 불안은 미래를 꽤 어둡게 바라보게 하는데, 안타까운 사실은 미래를 어둡게 생각할수록 그런 걱정이 현실이 될 가능성이 높아진다는 것이다. 그것이 바로 자기충족적 예언 self-fulfilling prophecy 이다.

미래는 원래 알 수 없고, 알 수 없는 것은 불안하기 마련이다. 걱정도 자꾸 하면 중독된다. 그러므로 끊어내자. 현재에 조금 더 집중하는 것이 좋다. 미래 걱정이 떠오르면, 그런 걱정을 끊어주는 대응책으로 속엣말을 하나쯤 가지고 있어야 한다. (예: '진인사대천명!', '내일 걱정은 내일 하자!' 등)

아니면, 잔걱정 여러 개 말고 굵은 걱정 딱 세 개만 만들자.[3] 그리고 나머지 걱정은 그냥 버리자.

생각 줄이기 연습

생각을 줄이는 것은 몇 가지 방법으로 연습해볼 수 있다. 생각이란 원래 어떤 의도로 접근하면 그 의도와 반대되는 결과를 얻게 되기도 한다. 심리학 실험에서 밝혀진 사실인데, 흰곰을 생각하지 말라는 요청을 받은 집단은 그런 요청을 받지 않은 사람들보다 흰곰을 훨씬 더 많이 떠올렸다. '하지 말아야지'라는 마음이 반대급부의 힘을 더 키워버리는 것이다. 의도와 무관하게 떠오르는 생각은 정말이지 생각을 줄이려는 우리의 의도나 노력을 가볍게 비껴가기도 한다.

그렇다면 직접적으로 '생각하지 말아야지' 하는 방법 말고 다른 방법을 써야 한다. 몇 가지 추천할 만한 방법이 있다. 핵심 키워드는 움직임(보기, 말하기, 운동하기), 자연, 예술이다. 이 중에서 운동과 자연을 활용한 방법은 다음 장에서 소개하고, 여기서는 나머지 방법을 소개한다.

1. 보기: 더 정확하게는 '지켜보기'

이 방법은 생각을 붙잡으려 하지 말고 그저 지켜봄으로써 생각에

---

[3] 걱정을 너무 많이 해서 문제가 되는 사람들을 변화시키는 방법은, 걱정하지 말라고 말할 게 아니라, 걱정을 하도록 말하는 것이다. 걱정하는 시간을 정해놓고 그 시간을 어기지 말고 걱정을 하도록 하면, 오히려 걱정이 줄어든다. 사람 마음은 이처럼 청개구리 같은 면이 있다.

잠식되지 않고 평정심과 행복을 회복하는 것이다. 우리 생각과 상태를 '스스로 그러한 것', '자연'에 맡기는 셈이다. 나무나 풀 같은 자연도 있지만, 우리 또한 스스로 그러한 상태라는 자연의 힘을 가지고 있지 않을까. 그 자연을 믿어 준다. 굳이 생각을 없애거나 바꾸거나 붙잡지 말고, '아, 나에게 이런 생각이 떠오르는구나.'라고 관찰한다. 내 마음에서 나를 관찰 대상으로 바라보며 가치 판단 없이 있는 그대로의 상태를 바라봐 준다. 떠오르는 생각들을 지켜볼 수 있으면, 적어도 그 생각들 때문에 휘둘리지는 않는다.

그리고 이 방법이 자신에게 맞으면, 좀 더 나아가서 명상을 하는 것도 좋다. 눈을 감고 편안한 자세로 앉아서 그저 시간을 보내보자. 생각이 일어나거나 스쳐 지나가더라도 그냥 두면 된다. 판단하거나 비판하지 않고 바라본다는 느낌으로 둔다. 그 생각들은 또 흘러갈 것이다.

그런 연습을 꾸준히 하다 보면, 생각에 압도당하거나 잠식되거나 끌려다니면서 마음의 행복을 소진하는 일은 확실하게 줄어들 것이다.

2. 말하기: 자신만의 캐치프레이즈

생각을 줄이는 전통적인 심리치료 방법은 '사고중지기법 Thought stopping'이다. 일상생활에서 원치 않는 생각이 든다거나, 스스로 너무 많은 생각을 한다고 판단되면, '그만!'이라고 속으로 외친다. '그만!'이라는 단어의 어감이 마음에 들지 않는다면 다른 말(예: '여기까지!')로 바꿔도 된다. 한 번씩 생각의 흐름을 끊어주는 단어를 사용함으로써 꼬리에 꼬리를 물던 생각을 자를 수 있다.

원치 않는 생각이 얼마든지 머리에 떠오를 수 있다. 그 생각이 집을 짓고 거대한 왕국을 만들어가지 않게끔 하는 것이 중요하다.

사고중지기법에서 한 걸음 더 나아가 내가 사용하는 방법은 자신만의 캐치프레이즈를 외치는 것이다. 자신의 좌우명 같은 것일 수도 있는데, 생각을 줄이고 마음을 가다듬는 데 도움이 되는 짧은 문구를 발견하자. 그리고 마음으로 외치자.

내가 좋아하고 필요할 때 즐겨 쓰는 캐치프레이즈는 이것이다.

Move on. (넘어가.)

이 표현은 여러 가지 상황에서 다 쓸 수 있는데, 포기할 것은 포기하고 받아들일 것은 받아들인 뒤 그다음 대처방안을 생각해보아야 하는 모든 상황에서 쓸 수 있다. 나는 계획이 틀어지고 하던 것이 잘 되지 않을 때, 아쉬움이나 미련을 털어버리기 위해 'Move on!'이라고 외친다. 말 자체가 가지는 힘이 있어서, 조금 더 수월하게 마음을 털어내곤 한다.

3. 예술을 즐기기

음악과 미술, 독서와 영화. 무엇이든 시작해보길 추천한다. 예술의 힐링 파워는 모두가 알고 있지만, 삶에서 예술을 허용하는 데에는 대체로 인색하다. 감상자로서 예술을 누려도 좋고, 창작자로서 예술을 즐겨도 좋다.

평소에 생각이 많아서 힘들다고 느낀 사람이라면 더더욱 예술 작업을 권하고 싶다. 생각, 이성, 판단, 비판, 논리 등과 결이 다른 정신 작용의 힘을 키우는 것이다. 궁극적으로는 균형을 잘 잡을 수 있도록 말이다.

   핸드폰으로 일상의 한 장면을 찍어서 간단한 글귀나 이모티콘을 더해서 그림일기를 적어보는 것도 추천한다. 자신에 대해 한발 비켜서서 볼 수 있다. 생각의 홍수에 매몰되지 않기 위해서 중요한 것이 바로 '거리'를 만들고 유지하는 것이다.

5
운동 늘리기

당신이 좋아하는 운동은 무엇입니까?

이 질문에 한 가지라도 답했다면, 그 운동에 시간을 투자하는 것이 행복 능력을 키우는 길이다. 좋아하는 운동을 하는 것은 행복을 누리기 위한 필수 조건 중 하나다. 운동을 통해 체력이 향상되었을 때 행복의 경험은 좀 더 안정적으로 된다. 어쩌면 행복은 뼈와 근육에서 분비되는 것 아닐까 싶을 정도다.

운동의 긍정적 영향은 다양하다. 몸의 안팎, 삶의 여러 영역에서 긍정적 변화가 생긴다. 몸 안에서는 심혈관계와 호흡기의 기능이 좋아지고 뼈와 근육이 튼튼해진다. 신진대사를 원활하게 해주고 불필요한 칼로리를 소비시키며 수면의 질이 좋아지게 하고 전체적으로 몸의 컨디션을 향상시킨다.

운동하자. 움직이고, 몸을 쓰자. 앞 장에서 줄여야 더 행복해질 수 있는 여러 종류의 생각에 대해 살펴보았다. 그리고 생각을 줄이는 방법으로 운동을 언급했다. 운동은 몸과 마음의 건강을 전반적으로 향상시키고 행복감을 충전시킨다.

그런데도 운동을 안 한다면? 운동을 안 하는 것도 충분히 이해할 수 있다. 사는 것이 바쁘고, 주어진 시간보다 해야 할 일이 더 많고, 스트레스 받으면서 일하다 보면 쉴 수 있는 시간에 운동까지 하고 싶진 않을 것이다. 그래서 어느새 운동은 해야 하는 숙제가 되어버렸다. 매번 미루게 되는, 그런 숙제 말이다.

운동을 해야 한다는 것은 다 알지만, 운동에까지 할애할 수 있는 시간이나 마음의 여유는 없다. 머릿속에서 우선순위의 상위권을 차지하지만, 실생활에서는 뒤로 밀리기 일쑤이다. 그러다 보니 작심삼일의 대표 주제가 된다.

한편으로는 운동을 무슨 종교 수준으로 찬양(?)하는 경향이 우세하다 보니 그런 유행에 반발심이 생기기도 한다. 운동하지 않는 사람들에게 '게으르다'라는 프레임이 덧씌워지니, 반대급부로 '나는 운동 안 해도 잘 살아.' 하는 마음이 생기는 건지도 모른다.

'운동교'라는 신흥종교를 전파할 의도는 아니지만, 운동이 행복에 큰 영향을 미치는 것은 확실하다. 그러니, 운동해야 한다. 다만, 운동의 지향점이 무엇인지, 어떤 운동을 어떻게 해야 하는지에 대해서는 조금 생각해보자.

운동의 지향점

운동을 한다면 그 목표랄까, 지향점이 무엇인가? 궁극적으로는 건강하게 사는 것이다. 이는 최종 지향점일 뿐 아니라, 중간 과정에서도 지속적으로 확인하는 목표 지점이 되어야 한다. 운동의 지향점을 보다 세분화, 구체화하면, 자신의 심리적 안정과 스트레스 조절에 유익이 된다.

운동은 신체의 스트레스 호르몬인 코르티솔 수치를 낮추고 엔도르핀 호르몬의 분비를 촉진한다. 따라서 전반적으로 스트레스를 조절하는 데 도움이 된다. 또한, 우울한 기분이나 불안함을 줄이고, 기분을 안정시킨다. 운동은 뇌로 가는 혈류를 증가시키기 때문에 인지 기능을 향상시키기도 한다.

그러므로 운동을 하면서 자신이 왜 운동을 하는지 자각하고, 삶의 구석구석에 운동이 미치는 영향을 생각하며 운동의 효과와 자신의 바람을 연결하고, 그 연결점을 자신이 선택한 운동의 지향점으로 삼으면 어떨까.

추천하는 운동

1. 움직이기

우선, 생각이 많아지려고 하거나 멍하니 앉아 있거나 누워 있는 상태라면 (수면 시간이 아니라는 가정하에) 일단 일어나서 움직여라.

움직임은 원치 않는 생각이 떠오르는 것을 줄여준다. 기계적으로 할 수 있는 행동을 하는 것도 괜찮다. 아파트 계단을 오르내리거나 스트레칭을 하거나 청소나 설거지를 해도 된다. 핵심은 몸을 움직이는 것이다. 집중해서 활동을 하는 것도 좋다. 자신이 좋아하는 활동에 몰입할 수 있다면, 당신은 어느새 운동에 '운며들기'[4] 시작했다.

2. 본격적으로 운동하기

규칙적으로 운동을 하면 걱정이나 근심, 잡생각을 줄일 수 있다. 처음에는 운동하면서도 여전히 잡생각이 날 수 있지만, 점차 운동 자체에 초점을 맞추게 된다. 그리고 운동하는 시간 동안 머리가 쉰다는 느낌도 받게 된다. 운동하면서 어떤 흐름을 탈 수 있을 것이다. 그 흐름 안에 있을 때 별생각 없이 몸을 움직인다는 것을 경험할 수 있다.

별달리 선호하는 운동이 없다면, 행복을 위해 추천하는 것은 걷기다. 걷기는 정신건강에 아주 좋은 운동이다. 걷기는 거의 모든 문제를 해결해 준다고 해도 과언이 아니다. 걷기는 엔도르핀을 분비하는 데 도움을 주고, 스트레스나 걱정을 줄이며, 우울한 마음조차 떨쳐내 준다. 몇몇 연구에서 걷기가 인지 기능을 향상시킨다는 것도 밝혀졌다. 신기한 일이다. 그저 걸을 뿐인데 머리까지 좋아지다니.

나이 들수록 걸어야 한다. 기억력이나 판단력, 사고력 외에 창조력과 집중력도 향상할 수 있다. 고민이 있다면, 책상 앞을 떠나 걸으면서 고민하자. 어느새 머릿속이 정리되는 것을 경험할 것이다.

---

4 '＊며들다'는 스며들다라는 단어에서 비롯된 신조어다. 푹 빠지게 되는 대상의 첫 글자와 결합해서 사용한다.

수면에 문제가 있는 현대인이 많다. 불면증이 있다면 역시 걷는 것을 추천한다. 꾸준히 할 수 있으면 정말 도움 된다. 나무가 많은 자연 속을 거닐 수 있다면 금상첨화다. 걷는 것만으로도 살 것 같은 느낌을 받을 것이다. 하정우는 자신의 저서『걷는 사람, 하정우』에서 '그저 걷기만 해도 매일 이렇게 완벽한 안정감을 경험할 수 있는데 어떻게 걷지 않을 수가 있을까.(105쪽)'라며, 걷기를 예찬했다.

3. 자연 속으로

진짜 자연 속으로 들어가서 시간을 보낸다. 우리나라는 전 국토의 70%가 산이고, 삼면이 바다여서 섬이 3천 개가 넘는다. 남부러울 것 없는 천혜의 자연환경을 가졌다. 산 위에서 내려다보는 거대한 도시의 야경도 아주 멋지다.

자연이 사람을 회복시키는 것을 '에코테라피ecotherapy'라고 한다. 지리산 천왕봉만 600번 넘게 올랐다는 정동호 씨(지금도 여전히 천왕봉을 찾고 있으며 2023년 기준, 80세가 넘은 고령이다.)는 산에서 오히려 힘을 받는다고 한다. 지리산의 정기 덕분에 마치 혈액을 투석하듯 피가 맑게 정화되는 느낌이라고 했다.[5] 산에 오르는 것이 힘들다면 자연 속을 거닐거나 그저 앉아 있는 것만으로도 도움을 얻을 수 있다. 이제는 우리에게 익숙한 '삼림욕森林浴, しんりんよく'이라는 단어는 1982년 일본의 농림수산부에서 처음 사용하였다. 삼림욕 또는 산림욕山林浴[6]은 숲에 들어가서 마치 목욕한 듯 몸과 마음이 정화되고 상쾌함을

---

[5] 참고문헌: 〈월간 산〉 2023년 6월호 '천왕봉만 611번 오른 산꾼'(서현우 씀).
[6] 일본에서는 '삼림욕'이라고 만들어서 사용했고, 우리나라로 들어오면서 발음이 비슷한 데다 산림에 들어가서 하는 것이다 보니 '산림욕'이라는 단어도 병행해서 사용한다.

회복할 수 있다는 점을 강조하는 용어다. 고도로 발달하는 기계와 기술 문명에 지친 사람들이 숲에서 회복되기를 기원하는 마음이 담겨 있다. 이후 여러 연구에서 삼림욕이 실제로 사람들의 심신을 회복시킨다는 것이 밝혀졌는데, 스트레스 호르몬의 수치를 낮추고 면역체계를 강화하며 궁극적으로는 행복감을 향상할 수 있다.

자연에 파묻히면 자연의 경이로움과 웅장함을 느낄 수 있기 때문에 인간의 존재와 삶의 의미를 다시금 떠올릴 수 있다. 독일의 낭만주의 화가인 카스파르 다비드 프리드리히Caspar David Friedrich는 19세기 초중반에 활동한 화가인데, 웅장하고 광대한 자연 풍경 속에 선 사람을 그리곤 했다. 〈운해 위의 나그네Wanderer above the Sea of Fog〉가 대표 작품인데, 암석으로 된 산 위에서 아래쪽 풍경을 바라보는 한 남자가 있다. 산 아래는 안개가 자욱하게 껴서 마치 안개의 바다처럼 보인다. 그 남자는 무엇을 느꼈을까.

아마도 그 높이까지 올라가면서 자연과 하나가 되었을 것이다. 게다가 올라가서 바라보는 장엄한 풍경이라니. 우리는 무한히 큰 자연 앞에서 한없이 작다는 걸 경험한다. 경외심을 갖고 숭고한 감정을 느낀다. 고민거리나 힘들었던 것들은 하찮은 크기로 줄어든다. 자연 앞에서 우리는 무한한 것에 대해 숭고한 감정을 느끼기 때문이다.

코로나19로 인한 팬데믹 시기를 지나면서 등산하는 젊은 세대가 많아졌다. SNS 사용에 익숙한 이들은 자신이 다녀온 산행 사진을 공유하는 것을 즐긴다. 특히 일출 산행에서 운해가 깔린 풍경을 배경으로 정상에 선 모습을 찍은 사진을 자주 보는데, 이러한 사진은 프리드리히의 〈운해 위의 나그네〉와 아주 흡사하다. 아마도, 자연에 대한

카스파르 다비드 프리드리히, 〈운해 위의 나그네〉(1818)

그림 속 인물은 우리에게 등을 보이고 있다. 그래서일까, 왠지 우리도 그 사람 뒤에 서서 장엄한 풍경을 함께 바라볼 수 있을 것만 같다. 당신이 느끼는 숭고함과 장엄함의 순간에 우리도 곁에 서 있게 해달라고 청하고 싶어진다.

경외심과 자연 속에서 하는 운동의 희열은 프리드리히가 살던 때나 지금이나 다를 바가 없는 것 같다.

　다시 본문으로 돌아와서, 운동하자. 그리고 자연 속에서 운동할 수 있다면 금상첨화다.

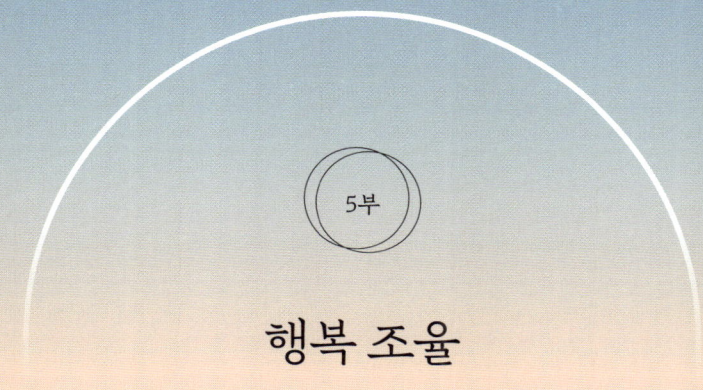

5부

행복 조율

*

조율은 섬세한 작업이다. 악기를 표준음에 맞춰서
잘 조율해두지 않으면 이상한 소리가 난다. 삶도 마찬가지라서,
한 번씩 조율이 필요하다. 사람들 간의 입장 차이도 조율이 필요하고,
한 사람의 인생 안에서도 조율이 필요하다. 어느 정도 탄력이 붙은 삶의 조율은 습관이라는
이름으로 불러도 좋을 것 같다. 여가와 예술은 감정과 생각이 정확한 자기 음정을 찾아가도록 도와주는
인생 조율사로 기능할 것이다. 더 좋은 소리를 찾고자 한다면 배움이 우리에게 도움이 된다.
그렇게 만들어가는 모든 소리는 좋은 울림으로 우리에게 지속가능한 행복을 전해줄 것이다.

1 습관과 행복

행복은 습관이라는 길을 따라서 온다. 어쩌다 한번, 복권 당첨되듯이 오지는 않는다. 행복은 반드시 습관을 따라서 온다. 행복을 느끼는 것도 습관이며, 행복해지는 것도 습관이다.

습관은 반복되는 행동과 마음가짐인데, 오래도록 반복했기 때문에 익숙해지고 굳어진 것이다. 습관적인 생각, 습관적인 감정 그리고 습관적인 행동. 결국, 삶이 습관이다. 그것을 바꾸더라도 어느새 다시 돌아가게 되고, 의식하지 않고 지내면 자동 반응처럼 나오는 것이 바로 습관이다. 습관은 행복에 큰 영향을 미친다. 예를 들면 규칙적으로 운동하는 것, 감사함을 자주 표현하거나 음미하는 것, 건강한 관계를 영위해가는 것 등이다. 긍정적인 습관적 행동과 태도는 행복의 빈도를 결정짓고 궁극적으로 행복의 수준을 만들어간다.

습관의 과학

1. 습관이 형성되는 데 걸리는 시간

남캘리포니아대학교의 웬디 우드Wendy Wood 교수는 새로운 습관이 형성되는 데 얼마나 오랜 시간이 걸리는지 알아보았다. 실험 참가자들에게 매일 같은 시간에 특정 행동을 하도록 요청했더니, 습관이 형성되는 데 평균 66일이 걸렸다.

또 다른 연구팀에서도 비슷한 연구 관찰을 수행했다. 영국 남부에 위치한 서레이대학교의 필리파 랠리Phillippa Lally 교수도 습관 형성에 걸리는 시간을 조사했다. 그 결과, 참가자들의 행동이 자동화되고 습관이 되기까지 평균적으로 66일이 걸렸다. 다만, 개인마다 차이가 매우 컸는데, 최소 18일에서 최대 254일까지 걸리는 것을 확인했다.

2. 습관 형성에 기여하는 뇌 부위

미국 매사추세츠공과대학의 연구자들은 쥐를 대상으로 습관 형성에 기여하는 뇌 부위를 알아보았다. 쥐에게 미로를 탐색해서 초콜릿을 찾는 훈련을 반복해서 시키면서 습관을 형성하게 했는데, 이 과정에서 뇌의 기저핵Basal Ganglia이 중요한 역할을 한다는 것을 밝혀냈다.

기저핵은 대뇌 깊숙한 곳에 있는 신경세포체 집단으로 된 부위이며 운동 조절, 학습, 기억, 감정 처리 등에 관여한다. 기저핵의 기능 장애는 파킨슨병이나 헌팅턴병, 강박 장애, 투레트 증후군 등을 일으킬 수 있다.

3. 습관을 형성시키는 요인

습관 형성을 설명하는 가장 유명한 심리학 원리는 학습심리학 분야에서 찾을 수 있다. 바로, 고전적 조건형성과 조작적 조건형성 원리다. 고전적 조건형성classical conditioning은 이반 파블로프Ivan Pavlov의 개 실험에서 증명되었다. 개에게 음식을 줄 때마다 종소리를 들려주었더니, 나중에는 종소리만 들어도 침을 흘렸다. 여기서 음식은 무조건 자극, 종소리는 조건 자극, 침 흘리기는 반응이다. 무조건 자극에 조건 자극이 반복해서 연합되면, 조건 자극도 무조건 자극처럼 반응을 끌어낼 수 있는 힘을 가지게 된다.

조작적 조건형성operant conditioning은 스키너B.F. Skinner의 비둘기 실험으로 증명되었다. 비둘기를 실험 상자에 넣고, 상자 속 원판을 비둘기가 쪼면 먹이를 제공했다. 단, 불이 들어온 다음 원판을 쫄 때만 주었다. 몇 번 반복했더니 비둘기는 불이 들어왔을 때만 원판을 쪼았다. 여기서 먹이를 제공하는 것은 행동을 더욱 공고하게 굳혀주는 보상으로서 강화라고 부른다.

이와 같은 두 종류의 조건형성을 함께 사용했을 때 습관은 더 쉽게 형성된다. 퓰리처상을 받은 언론인 찰스 두히그Charles Duhigg는 『습관의 힘』이라는 책에서 이를 설명했다. 즉, 습관이 형성되기 위해서는 특정 신호가 주어지고 그에 따른 행동이 이루어진 뒤 보상이 주어지는 구조가 필요하다는 것이다. 신호와 행동의 관계에서는 고전적 조건형성, 행동과 보상의 관계에서는 조작적 조건형성의 원리가 적용된다고 볼 수 있다. 두히그는 이러한 패턴을 개인과 기업의 사례를 통해 확인할 수 있다고 했다.

습관의 이점과 단점

습관은 이점과 단점을 고루 가지고 있다. 먼저 이점을 살펴보면, 무엇보다 효율성을 증대시킬 수 있다. 일상적인 작업이 자동화되면 매번 생각하거나 결정하지 않아도 되니 정신 에너지를 절약할 수 있다. 불확실성과 관련된 스트레스도 줄여준다. 예측 가능성이 높으니 이를 바탕으로 시간 관리를 효율적으로 할 수 있고, 특정 목표를 달성하는 데 도움이 된다. 결국, 좋은 습관은 좋은 결과를 이끌어내는 선순환 구조를 만든다.

반면에 습관의 단점은 변화 가능성이 줄어들고 자동화의 함정에 빠질 수 있다는 점이다. 습관이 자리를 잡고 나면 변화를 시도하기가 어렵다. 습관화된 행동은 아무래도 무의식적으로 나오기 마련이다. 설사 잘못된 행동이라 생각할 때조차 별다른 갈등 없이 반복하기도 한다. 결국 악순환 구조를 만들기도 하는데, 나쁜 습관이 안 좋은 결과를 가져오고, 그 결과가 다시 나쁜 습관을 굳히게 된다. 물론 나쁜 습관이라 하더라도 그것이 제공하는 어떤 쾌감이 있기 때문에 유지될 것이다. 하지만 습관의 결과가 스트레스가 되고 건강을 해치며 삶에 대해서 불만스럽게 느끼는 것으로 귀결된다면, 그것은 바꾸어야 할 습관이다.

습관을 체크하는 노력

자신의 습관을 되돌아보고 원하는 습관을 형성하기 위해서 한 주간의 생활 도표를 작성해 보면 좋다. 지난 한 주 동안 매일 한 일을 기록해 보자. 앞으로 변화하고 싶은 목표 활동도 포함한다. 우선 떠오르는 대로 공책에 적는다. 그런 다음 표에 옮겨서 정리한다. 활동 리스트를 작성했으면, 해당 활동을 일주일에 몇 번이나 하는지(빈도), 한 주에 몇 시간이나 하는지(주당 소요 시간)를 대략 평균적인 시간으로 적는다. 그다음, 각 활동의 우선순위가 어떠한지 1위부터 쭉 순위를 매긴다.

더 중요한 활동, 우선순위가 높은 활동에 빈도나 주당 소요 시간이 많은지 살펴본다. 만약 그렇지 않다면 앞으로 더 늘리거나 줄이겠다는 의미로 +와 - 표시를 붙인다.

나의 지난주 활동 도표

활동	빈도 (일주일에 몇 번)	우선순위 (중요도)	주당 소요 시간
책 읽기	2	4	8.5-
아이랑 놀기	5	1	10+
눈 뜨자 마자 핸드폰 보기	6	6	7-
몸을 움직이고 운동하기	2	2	4+
긍정적인 말을 하기	4	5	1+
감사하기	3	3	1+

습관을 체크할 때 기준은 다음과 같다.

- 내가 중요하게 여기는 것에 시간을 더 많이 할애하는가?
- 우선순위가 높은 활동의 빈도가 잦은가?
- 우선순위가 높은 활동의 주당 소요 시간이 많은가?
- 우선순위가 낮은 활동은 빈도와 소요 시간을 줄여야 한다.
- 우선순위는 스스로 설정한 것이라는 점을 명심하자.

습관 바꾸기

습관을 바꾸는 것은 어렵다. 무슨 습관이든, 나름의 이유가 있었기 때문이다. 하지만 습관을 바꾸기로 마음먹었다면 다음 단계를 밟아보자.

1. 동기 부여

우선, 습관을 바꾸려는 뚜렷한 동기가 자각되면 좋다. 그 동기는 자신의 개인적인 목표나 소중하게 여기는 가치와 연결되어야 할 것이다.

2. 구체적인 목표 설정

목표를 거시적이고 추상적인 문장으로 잡았다면, 그것을 구체적이고 현실적인 말로 바꿔서 표현해보자. '나는 좋은 사람이 되겠어.'라는 목표를 잡았다면 '도움이 필요한 곳에 내 월급의 5%를 기부하겠어.'라는 말로 바꿔볼 수 있다. '건강하게 살아야지.'라는 목표는

'일주일에 다섯 번 이상 하루 한 시간 이상 운동하겠어.'라는 목표가 더 구체적이다.

구체적이라는 것은 그것이 이루어지는지 아닌지를 측정하고 평가가능한 단위로 표현할 수 있다는 뜻이다. 실제로 달성할 수 있는 목표를 잡아야 하고, 스스로의 변화를 위해서 목표 달성의 시간(예: 이번 한 달 동안)을 부여하는 게 좋다.

3. 주변 정리

자신이 세운 목표를 이루기 위해 주변 환경을 바꿀 수 있다면 바꾼다. 목표 달성이 어려운 환경에서 억지로 참아가며 하는 것보다는, 환경을 바꿔나가는 것이 낫다. 물리적인 환경의 변화는 결심을 더 굳건히 해준다. 물리적 환경에서 무엇을 어떻게 바꿔야 할지 모르겠다면, 우선 자기 공간을 청소하고 정리정돈하는 것으로 시작한다. 정돈된 환경은 마음을 정돈되게 해주기도 하니까.

심리적 환경을 정리하는 것도 좋다. 습관을 바꾸고 좋은 습관을 가지기 위해 주변 사람들에게 자신의 결심과 목표를 알린다. 가족과 친구, 동료로부터 응원을 받을 수도 있다.

4. 습관의 단계적 변화

갑작스러운 큰 변화도 도움이 되고, 작은 단계를 통해 점진적으로 습관을 변경하는 것도 도움이 된다. 큰 변화가 어렵게 보인다면, 그 변화에 이르까지의 단계를 몇 개로 나누어서 하나씩 변화시켜 나간다.

에밀 베르나르Émile Bernard, <사랑의 숲속 마들렌Madeleine au Bois d'Amour> (1888)

마들렌이라는 이름의 젊은 여인은 에밀 베르나르의 여동생이다. 어딘가를 바라보며 생각에 잠긴 듯한 표정. 아마도 가장 편안한 자세로 상상의 나래를 펼치고 있지 않았을까. 생각도 습관대로 하게 된다. 무엇을 떠올리고 머릿속에서 어떻게 키우는지 그 습관의 길을 따라 우리의 삶이 펼쳐진다.

5. 반복과 일관성

새로운 습관의 형성은 반복이 최고다. 반복해서 일관되게 하다 보면 어느새 내 습관이 되어 있을 것이다.

6. 가까운 사람의 지지와 지원

일종의 사회적 지원인 셈이다. 친구, 가족, 또는 같은 목표를 공유하는 사람들이 내가 습관을 변화시키는 과정 중에 있다는 것을 알아야 한다. 누군가에게 선언하고 알리는 것은 그 자체로 힘을 가진다. 더불어, 그 사람들이 마음으로 나를 지지해준다면 더없이 큰 힘이 될 것이다.

7. 자기 자비

노력했지만 어느 날 물거품처럼 느껴질 때도 있다. 실패할 수도 있다. 미국에서 사람들의 새해 결심이 어느 만큼 잘 지켜졌는지 조사했는데, 성공했다고 보고한 사람은 8%도 되지 않았다고 한다. 작심삼일이라는 말이 괜히 만들어졌겠는가. 사흘 만에 실패했다면, 자신을 비난하기보다는 조금 여유를 가지고 자비롭게 대처하자. 작심삼일 뒤에 하루 쉬고 그다음 날, 아니면 그다음 주에 다시 시작하면 되니까.

▶ 뇌 가소성

습관을 바꾸기로 결심한 사람들에게 도움이 될 수 있는 개념은 '뇌 가소성'이다. '가소성'은 물리, 화학 분야에서 사용하는 용어인데, 고체가 힘을 받아서 형태가 바뀐 다음에, 작용하던 힘이 없어지더라도 원래 형태로 돌아가지 않는 성질을 말한다. 바뀔 수 있고, 바뀐 것이 유지될 수 있다는 것이다. 참고로, 가소성(可塑性)의 '소' 자가 '흙 빚을 소'이다.

그렇다면, 뇌 가소성은 뇌를 바꾸고 유지하는 것을 뜻한다. 마음을 어떻게 사용하느냐에 따라 뇌도 변한다. 주의를 집중하거나 의도적으로 생각을 특정 방향으로 이끌거나 분명한 목적을 품고 감정을 평온하게 가라앉히는 모든 일이 뇌를 바꾼다. 우리가 겪는 모든 경험은 실제로 뇌 활동을 변화시키고 평생에 걸쳐 뇌를 리모델링하는 셈이다.

2

여가와 행복

전영근 작가[1]는 여행과 자동차를 주제로 따뜻한 그림을 그리는 화가다. 그의 작품 속에는 빨강, 노랑, 파랑의 원색으로 그려진 작은 자동차가 있고, 여행을 가는 사람들이 탔는지 자동차 지붕에 여행용품이 잔뜩 실려 있다. 길은 정겹게 꼬불꼬불 이어지고 주변 풍경은 평화롭다. 그의 그림들을 보고 있노라면, 내 안의 거울 뉴런들이 활발하게 활동하면서 나 역시도 일상에서 벗어나 여행을 떠나는 기분을 맛본다(거울 뉴런에 대한 설명은 이 장 맨 마지막에 나온다).

여가餘暇의 사전적 의미는, 일상적인 업무와 의무, 책임에서 벗어나 자유롭게 즐기는 시간을 의미한다. 여가는 한가하게 즐기는 여유

---

1 전영근 작가는 통영의 전혁림 미술관의 전혁림 작가의 아들이다. 전혁림 작가에게 노무현 전 대통령이 청와대 벽면에 걸 작품으로 통영의 앞바다인 한려수도 풍경을 그려달라고 요청했던 것은 유명한 일화다. 전영근 작가의 홈페이지(https://blog.naver.com/vincent4001)에서 작품을 볼 수 있다.

로운 휴식에서부터 재미를 찾기 위한 취미활동에 이르기까지 다양한 형태로 즐길 수 있다. 여가라는 단어에서 느껴지는 한가로움은 바쁘게 돌아가는 오늘날 더욱 중요한 부분이 아닐까 싶다.

여가의 중요성

여가에는 여러 가지 중요한 기능이 있다. 무엇보다 일상의 스트레스를 해소하고 휴식을 제공하며 몸과 마음의 회복을 돕는다. 여가 활동으로 스포츠를 즐기는 경우에는 신체 건강을 더욱 증진시킨다. 여가 활동을 통해서 사회적인 관계가 돈독해지고 유대감도 강화된다. 일과 삶의 균형을 유지하는 한 축이 여가 시간이며, 여가를 잘 보낼 때 개인의 삶의 질이 향상된다.

많은 사람이 여가를 진지하게 대하고 있지만, 여가가 더욱 중요해진 또 다른 이유가 있다. 바로 기대 수명의 증가와 길어진 여유시간 때문이다. 우리나라 사람들의 기대 수명은 이미 80세를 넘었다(2021년 통계청 자료 기준으로 83.6세). 직장인의 평균 퇴직 연령은 만 50세 전후이며, 법정 정년 나이를 고려하더라도 만 60세면 정년이 된다(2024년 기준). 퇴직 이후 약 20, 30년을 어떻게 보낼 것인가 하는 점은 삶의 질을 결정하는 데 매우 중요한 부분이다. 여가 시간을 잘 보내는 연습이 되어 있다면, 삶의 후반부에 시간의 여유가 많이 생겼을 때 적응하기가 수월할 것이다.

우리나라 사람들의 여가 보내기

우리나라 사람들이 여가를 어떻게 대하는지 조사한 결과를 살펴보자. 문화체육관광부의 2023년 〈국민여가활동조사〉에 보고된 내용에 기반했다.

1_ 여가를 보내고 나서 만족하는 정도는, 여가에 대한 욕구가 높거나 여가 시간이 길거나 비용을 많이 사용한 경우에 만족도도 높게 나타났다. 여가에 대한 욕구가 높은 사람은 여가 준비도 철저하게 할 것이다. 시간과 비용을 많이 투자했다면, 결과가 좋았을 가능성이 높고 결과에 대한 평가도 더 후할 것이다.

2_ 노인의 인터넷 사용은 여가 만족을 더 향상시켰다. 이러한 결과는 우리나라가 인터넷 강국이라는 명성에 걸맞다. 여가를 즐기려 외부로 나가야 하거나 물리적인 활동을 해야 하는 것은 아니다. 인터넷을 활용하여 관심사를 확장하고 다른 사람들과의 연결감, 교류를 활성화할 수 있다.

3_ 1인 가구의 경우 여가 시간이 많을수록 행복감이 오히려 감소하기도 한다. 혼밥(혼자 밥 먹는 것)이나 혼여(혼자 여행하는 것)가 유행이라고는 하지만, 아직 보편적인 일은 아닌 것 같다.

4_ 2023년 국민여가활동 조사결과를 보면, 주된 여가활동은 TV 시청이며 그다음으로 모바일 콘텐츠나 OTT 시청이 차지한다. 산책은 그다음 순위다. 외국의 연구에 따르면, 미국 성인에게서 가장 빈도가 높은 여가활동은 독서라고 한다. 우리나라는 어떨까? 1년 동안 우리나라 성인들의 평균 독서량은 약 8.4권, 책 구입에 쓰는 비용은

소백산의 여름과 겨울

누구나 천천히 걸어 올라갈 수 있는 소백산, 그곳의 여름과 겨울이다. 우리나라의 국립공원은 이렇게 아름답다.

월 평균 8,077원(2023년 2분기 기준)이다. 이는 전 세계적으로 굉장히 낮은 쪽에 속한다니 안타까운 일이다. 물론 이러한 결과는, 책 대신 인터넷 콘텐츠를 보거나 다른 활동을 하는 비중이 높아진 것으로 볼 수도 있다.

5_ 여가 활동의 동반자는 절반 정도가 혼자라고 답했고(50.5%), 그 다음은 가족(34.0%)으로 나타났다. 이 결과는 위의 3번과 묶어서 고려하면 흥미로운 일이다. 즉, 1인 가구의 경우 여가 시간이 많다고 해서 여가를 반드시 잘 즐기는 것은 아니지만, 기왕 여가 활동을 하기로 마음먹고 실천에 옮기는 사람들은 혼자라도 얼마든지 잘한다는 뜻이 된다.

6_ 1순위로 꼽은 희망 여가 공간은 카페(1위), 영화관(2위), 공연장(3위), 식당(4위), 공원(5위) 등이었다. 대체로 우리나라 사람들은 문화생활을 즐기는 방식의 여가를 선호한다는 것을 알 수 있다. 여가의 종류와 반경을 넓힌다면, 자연 속으로 들어가서 즐기는 에코테라피도 상위권에 오르지 않을까. 산림 여가활동 경험자들은 더 높은 삶의 질을 누린다는 보고도 있었다.

여가를 방해하는 것

여가와 가장 크게 부딪히는 것 중 하나는 물질적 부에 대한 강박이다. 자본주의 사회의 발달과 더불어 물질적인 부를 추구할 수 있는 개인의 자유는, 어느새 부를 축적해야 한다는 강박관념이 되어버린

듯하다. 강박관념은 사람을 노예로 만든다. 얽매이는 대상이 자신의 주인이 되고, 주인의 자리를 차지한 것은 다른 모든 것보다 우선순위를 차지한다. 재물이 주인이 되면, 재물이 최고의 목적이자 중심된 추구 대상이 된다. 행복이나 삶의 만족에 비해 재물은 측정할 수 있는 구체적 지표로 바꿀 수 있으니 좀 더 손쉽게 추구 대상이 되는지도 모르겠다. 행복이 최고의 중심추구 대상이라고 하는 사람들조차도, 그 행복을 구체화한 것은 돈으로 보장받는 여유라고 믿기도 한다.

여가의 특징

여가에는 다음과 같은 몇 가지 특징이 있다. 첫째는 자발성이다. 여가를 어떻게 보낼 것인가 하는 것은 의무나 당위가 아니라 당사자의 자발적인 선택이다. 둘째, 활동의 다양성이다. 사람마다 여가를 보내는 방식과 방법이 다 다르다. 스포츠, 예술, 독서, 여행, 취미 활동 등 여가 활동은 백인백색이다. 셋째, 여가의 효과는 재충전이다. 여가를 통해 사람들은 일상의 스트레스와 피로를 풀고 다시금 에너지를 재충전한다. 넷째, 사회적 상호작용을 촉진한다. 여가를 함께 보내는 사람들은 관계가 더욱 끈끈해지고 서로 정을 나눈다. 다섯째, 여가를 통해 자기계발을 한다. 업무에서 벗어난 여가 시간을 활용해서 새로운 지식과 기술을 습득하고 다양한 방법으로 자기계발을 꾀할 수 있다.

여가 시 마음의 자세, 낯설게 하기

여가 시간을 보내면서 가질 수 있는 마음 자세 중 하나는 낯설게 하기이다. 러시아의 문학 비평가인 빅토르 시클롭스키Viktor Shklovskii가 처음 언급한 낯설게 하기는 문학과 예술에서 사용되는 기법이다. 이는 익숙한 것들을 낯설게 만들어 그것을 보는 사람들의 시각을 환기하고 대상을 새롭게 인식하도록 만드는 것이다. 낯설게 하기 기법이 적용된 예술은 현실을 새롭게 인식할 수 있도록 한다. 우리는 여가 시간에 일상에서 벗어나 자신과 삶의 의미를 새롭게 바라볼 수 있다.

  친숙한 일상으로부터 잠시 떠날 수 있다는 것은 값진 기회다. 대상을 낯설게 보기 시작하면 새로운 시각을 얻을 수 있다. 평소에 당연하게 여겼던 상황을 뒤집어서 다르게 바라볼 수도 있으므로, 풀리지 않는 문제나 숙제를 해결할 수 있는 기회를 얻을 수도 있다.

여가 시 마음의 자세, 향유하기

행복을 느끼고 누리는 데 있어서 중요한 개념 중 하나가 향유하기다. 향유하기는 현재의 순간에 오롯이 집중하면서 오감을 통한 감각 경험을 충분히 만끽하는 것이다. 여가가 끝난 뒤에도 추억을 떠올리며 좋았던 기억을 음미할 수 있다. 영어로는 savoring이라고 하는데, savor라는 단어는 맛을 음미하다, 풍미 등을 뜻한다. 긍정적인 경험을 자각하여 충분히 느낌으로써 행복감이 증폭되고 그 행복감이 쭉 지속될 수 있도록 의도적인 노력을 기울이는 것을 일컫는다. 말하자면, 행복한 느낌을 각성해서 누린다고 할 수 있다. 여가 시간을 잘 보내기 위해서는 향유하는 자세가 필요하다.

21세기, 현재는 향유하기의 황금시대다. 산업화와 물질문명의 급속한 팽창과 발달로 인해 향유할 수 있는 기회와 대상이 이전보다 훨씬 더 다양해졌다. 예를 들면 1970년대의 볼링이나 1990년대의 골프는 그때까지만 해도 일부 소수 계층의 스포츠였다. 그러나 그로부터 십수 년이 지나지 않아 대중화되었다. 2020년을 지난 시점에 우리나라 골프 인구는 700만 명을 넘어섰다. 21세기를 앞두었던 1999년 10월에 인천에서 열린 전국체전에서 김대중 대통령이 골프는 중산층이나 서민층 누구에게나 좋은 스포츠라고 했던 말이 이제는 평범한 현실이 되었다. 그러므로 향유하느냐 하지 않느냐는 개인의 선택이다.

▶ 거울 뉴런

거울 뉴런mirror neurons은 상대방이 수행하는 어떤 행동을 볼 때 그것을 보는 사람에게도 마치 거울에 상이 비치는 것처럼 동일하게 활성화되는 신경 세포를 말한다. 거울 세포는 1990년대 이탈리아 신경과학자들이 원숭이 연구를 통해서 밝혀냈다.

거울 뉴런의 존재를 연구하게 된 계기는 다소 우연에 가까운데, 원숭이의 잠재의식을 연구하고자 두개골에 전극을 꽂아두고 관찰했다. 그런데 날씨가 더워서 한 연구원이 아이스크림을 먹으면서 실험실로 돌아왔다. 그때, 아이스크림을 먹는 연구원을 본 원숭이의 뇌에서 활발한 전기활동이 기록되었다. 원숭이가 연구원을 바라봤을 뿐인데, 원숭이의 뇌에서 움직임을 관장하는 두정엽에 움직임이 나타났고 추리, 계획, 감정, 문제해결에 관여하는 전두엽에서도 활발한 움직임이 포착되었다.

이와 같이 자신이 관찰하는 행동을 인식해서 그 동작과 생물학적 움직임을 머릿속에서 그대로 따라 한다는 사실은 실험실의 그 원숭이뿐 아니라 다른 원숭이에게서도 동일하게 발견되었다. 이렇게 따라 하는 뉴런 네트워크를 거울 뉴런이라고 한다. 거울 뉴런 덕분에 모방학습과 사회적 학습이 가능하며, 다른 사람의 감정을 이해하고 공감할 수 있다. 거울 뉴런은 무엇인가를 쳐다볼 때뿐 아니라 어떤 내용을 읽거나 어떤 행동을 생각만 해도 활성화된다.

우리나라에서 '먹방'이나 여행 방송이 인기 있는 이유도 이러한 거울 뉴런 덕분일 것이다.

3
예술과 행복

예술은 찾아오는 사람에게 기꺼이 열리는 사랑의 샘이다. 음악과 미술, 시와 소설을 포함하는 문학, 춤과 무용, 사진, 영화에 이르기까지 다양한 예술 분야는 모두 우리의 삶을 다루며 상상력을 확장하고 아름다움의 지평을 넓힌다. 예술 작품을 감상할 때 우리는 심미적 경험을 바탕으로 영감을 얻기도 한다.

우리 대부분은 예술과 관련된 일을 하는 사람들이 아니다. 그래서 자신이 예술과 무관한 사람이라고 느낄 수 있다. 음악 듣는 것을 좋아하지만 늘 듣는 음악만 듣는다든지, 고흐나 피카소 말고는 아는 화가도 없고 관심도 없다든지. 하지만 예술은 모든 사람에게 직간접적으로 닿아 있어서 언제라도 즐기고 누릴 수 있다.

예술을 자신과 관련 없다고 생각하는 건 '잘한다/못한다' 내지는 '잘 안다/잘 모른다'의 관점으로 접근해서일 수 있다. 능력이나 지식을 앞세워 예술에 접근하지 말고, '나는 어떤 것을 좋아하는가. 나는 어떤 것에 관심이 가지?'라는 관점으로 접근해 보자.

"내가 좋아하는 예술은 무엇인가?"

예술을 즐기는 법

첫 번째는 어렵게 생각하지 않는다. 학창 시절에 음악, 미술 과목은 상대평가를 받았을 것이다. 이론 시험과 실기시험을 보면서 '나는 역시 안돼. 잘 못하는구나.'라고 느꼈을 수도 있다. 그 이후로 예술은 뭔가 어렵고, 자신과 상관이 없는 것으로 생각해 왔을 수 있다. 이러한 현상은 비단 우리나라뿐 아니라 외국도 마찬가지다.

두 번째, 예술이 자신과 상관없다고 선을 긋지 않는다. 우리나라 사람들은 흥이 많아서 어디를 가더라도 노래 한 곡 정도는 뽑는다. 안 그러면 노래 듣는 것을 좋아하기도 한다. 예술은 우리 삶 곳곳에 포진해 있다. 상관이 없으려야 없을 수가 없다.

예술을 고전적인 의미로만 생각하면, 예술에 대한 지식과 전문가적 조예가 있어야 할 것 같다. 현대적 의미에서 예술은 범위가 훨씬 확장되었다. 알다가도 모르는 것이 현대미술이라고 생각하면 마음 편하다. 그저 보고 느끼는 각자의 감각과 느낌이 중요할 뿐이다. 굳이 저것이 무슨 의미인지, 어떻게 만들어진 것인지 몰라도 괜찮다. 작품을 보며 '오' 하고 감탄할 때가 있고, '응? 이건 뭐지?'라고 의문을 가질 때도 있다. 어느 경우든, 예술이 자신과 상관없다는 선입견

만 갖지 않는다면, 천천히 조금씩 예술과 만날 수 있다.

세 번째, 자기가 좋아하는 것에서부터 시작한다. 좋아 보인다든가, 좋게 들린다든가 하는 지점에서 시작한다. 예술을 가까이하려고 생각해서 음악을 듣기로 했다면, 반드시 모차르트 같은 클래식에서 시작해야 하는 것은 아니다. 마음에 드는 곡에서 시작하면 된다. 클래식이든 가요든 팝이든 어떤 장르이든 상관없다. 만약 가요 한 곡이 마음에 들면 그 곡을 부른 가수의 다른 곡도 쭉 섭렵해 본다. 혹은 내가 좋아하는 그 곡의 장르에 속한 다른 곡들을 감상한다. 내가 좋다고 느낀 것을 기준으로 삼으면 된다.

네 번째, 애정을 가진다. 그러면 쉽게 알아보고 재미가 있다. 예를 들어 마음에 드는 그림 하나를 만났다고 하자. 그러면 인터넷에서 해당 작가의 다른 그림을 찾아볼 수 있다. 그렇게 계속해서 알아가다 보면, 우연한 기회에 예상치 못한 곳에서 자신이 좋아하는 작가의 작품을 만날 때가 있을 것이다. 그때는 어쩌면 한눈에 알아볼 수 있을지 모른다. '어? 이거 내가 좋아하는 그 작가 작품인 것 같은데?'라고 다가가서 보면 예상이 맞을 것이다.

다섯 번째, 직접 경험한다. 예술은 감각경험으로 만나는 장르다. 감각경험에서 직접적인 접촉이 가능하다면 그런 기회를 최대한 활용한다. 예를 들어 좋아하는 음악을 녹음된 CD나 스트리밍으로 들을 수 있지만, 더 직접적으로 경험할 수도 있다. 그 노래를 부른 가수나 연주가의 공연에 가서 직접 듣는다. 그림이라면 갤러리에 가서 직접 본다. 이런 기회를 최대한 활용한다. 감각경험이 주가 되는 예술을 즐길 때는 직접 경험의 기회를 놓치지 않는 것이 중요하다.

마를렌 뒤마의 〈미켈란젤로에게 경의를 표함〉

미켈란젤로^{Michelangelo}, 〈론다니니 피에타^{Rondanini Pietà}〉(1552-1564)

피에타는 '자비를 베푸소서'라는 의미의 라틴어인데, 십자가에서 내려진 예수 그리스도를 안은 성모 마리아의 모습을 형상화한 작품을 일컫는 말이기도 하다. 20대 시절에 만든 바티칸의 피에타는 미켈란젤로의 최대 걸작으로 알려져 있다. 그에 비해 밀라노에 전시된 론다니니 피에타는 미켈란젤로가 70대 후반에 조각하기 시작해서 여든여덟의 나이로 사망하기 며칠 전까지도 작업했지만 결국 미완성으로 남은 작품이다. 자식이 죽으면 부모는 그 자식을 땅에 묻는 것이 아니라 가슴에 묻는다는데, 이 작품이 그러한 느낌이다. 십자가에 달려 있다 막 내려진 아들을 붙잡아 안는 어머니는 어떤 마음이었을까. 다른 작품에서는 앉아 있는 성모 마리아가, 이 작품에서는 서서 아들을 지탱하고 있다. 팔에 힘을 주느라 한껏 움츠러든 어깨와 아들을 살피기 위해 조금 기울인 고개 그리고 세부 묘사가 없는 얼굴이지만 감은 눈과 다문 입술에서 고통과 애정이 느껴진다. 작품에서 받는 느낌 때문일까, 이 자체로 완성이라고 보는 후대 사람들도 있다. 현대 미술에서 가장 도발적이고 창의적인 인물을 그린다는 평을 받는 마를렌 뒤마^{Marlene Dumas}는 〈미켈란젤로에게 경의를 표함^{Homage to Michelangelo}〉(2012)이라는 작품으로 론다니니 피에타를 오마주했다.

여섯 번째, 자신이 사는 지역에서 반경을 넓혀서 문화 향유의 기회를 누린다. 우리나라는 오래전에 일일생활권이 되었다. 서남쪽 끝 목포에서 용산까지 KTX로 2시간 40분 걸리고, 동쪽의 강릉에서 청량리까지 1시간 51분 걸린다. 보고 싶은 전시, 음악회, 공연이 있다면 마음을 내서 당일치기로 얼마든지 다녀올 수 있다.

일곱 번째, 인터넷상의 정보를 활용한다. 기사와 블로그, SNS 등에 올라오는 각종 예술 관련 정보도 하나둘 마음에 드는 것을 찾아 읽다 보면 익숙해질 것이다.

마지막으로, 발전된 인터넷과 미디어를 누린다. 음악과 미술은 이전보다 접근성이 훨씬 더 좋아졌다. 양적으로나 질적으로나 100억 년 전 우주의 대폭발인 빅뱅급 풍요라 할 수 있다. 이러한 풍요 속의 행복을 꼭 누리시길.

언제 시작하더라도 좋은 예술 작업

예술은 감상하는 시간으로도 충분히 행복하지만, 여기서 한발 더 나아가서 직접 작업해보는 것도 멋진 행복 투자다.

모지스 할머니 Grandma Moses 는 일흔다섯의 나이에 처음 그림을 시작했다. 전문적인 그림 훈련을 받은 화가가 아니지만 그림에서 느껴지는 소박하고 순수하며 따뜻한 느낌 때문에 많은 사람이 할머니의 그림을 좋아했다. 나중에는 미국 전체에서 사랑받는 작품이 되었고, 몇몇 작품은 미국 우표에도 사용되었다고 한다.

우리나라에도 그런 분이 있다. 충북 옥천에 사는 이학무 할머니는 여든이 넘어서 처음 그림을 그리기 시작했고 아흔둘에 수채화 개인전을 열었다.[2] 따뜻하고 고운 빛깔의 풍경과 정물은 아마도 할머니가 바라보는 삶에 대한 시선이 아닐까 싶다.

예술 활동, 특히나 행복해지는 여정을 위한 예술은 능력이나 성취의 영역이 아니다. 그보다는 내가 음악을 하고 싶은가, 그림을 그리고 싶은가, 기꺼이 시작하겠는가 하는 질문만 있다. 그에 대한 대답은 각자의 행동으로 완성될 것이다.

모지스 할머니의 다양한 작품을 볼 수 있는 위키아트 wikiart로 연결된다.

알아갈수록 더욱 재미있는 예술

예술사를 공부하다 보면, 사람들의 생각이 기발하고 참신해서 놀랄 때가 있다. 아나모르포시스 anamorphosis라는 독특한 기법에 대해 소개하려고 한다. 아나모르포시스는 특정 각도에서만 정상적으로 보이는 왜곡된 이미지를 만드는 기법으로 '왜상歪像'이라고도 한다. 왜상 이미지 작품은 정면에서 바라보았을 때 도대체 무엇을 그린 것인지 알기 어렵다. 그러다가 특정 지점에서 그 작품을 보면, 갑자기 놀랍

[2] 기사 출처 https://www.inews365.com/mobile/article.html?no=815493

게도 무엇인지 알아보게 된다.

이렇게 재미난 기법을 사용한 대표작은 한스 홀바인Hans Holbein the Younger의 〈대사들The Ambassadors〉이다. 1533년 바로크 시대에 그려진 이 작품은 그림의 아랫부분에 길게 그려진 알 수 없는 형태가 등장한다. 관람하는 사람은 그 형태를 제대로 볼 수 있는 위치에서 바라보아야 한다. 이처럼 자신의 위치를 적극적으로 찾는 것은 관람자가 수동적인 존재가 아니라 화가의 의도를 찾아내는 능동적이고 적극적인 참여자가 되도록 해준다.

영국 내셔널 갤러리에서 한스 홀바인의 〈대사들〉을 설명해주는 공식 동영상을 볼 수 있다.

아나모르포시스는 현대에 와서 조금 더 쉽고 친숙하게 다가온다. 도시의 보도에 그려진 그림들 중 바라보는 방향에 따라 입체적으로 보이는 그림이 대표적이다. 줄리언 비버Julian Beever는 영국의 길거리 입체미술 작가로 1990년대 중반부터 착시현상을 사용한 그림을 그려왔다. 그가 그린 그림은 사람들에게 재미와 웃음, 즐거움을 선사해왔고, 영국 BBC는 그를 '거리의 피카소pavement Picasso'라고 불렀다.

미술관 테라피

여러 연구에 따르면, 예술 활동에 참여하거나 감상하는 것만으로도 치유적인 효과를 얻고 전반적인 행복감이 상승한다고 한다. 그러한 변화를 발전시킨 것이 바로 '미술관 테라피museum therapy'3다.

미술관 테라피는 미술관에 방문해 작품을 보는 것만으로도 마음이 정화되고 정서적으로 풍부해지는 효과가 있다는 것을 의미한다. 경우에 따라서는 미술작품을 보고 나서 풍부해진 감성을 바탕으로 미술작업을 하기도 한다. 미술관 테라피는 아동과 청소년, 성인과 노인에 이르기까지 거의 전 연령을 대상으로 진행되었고 긍정적인 효과가 보고되었다.

2005년에 허리케인 카트리나로 미국의 뉴올리언스 지역이 파괴되다시피 했을 때, 그 지역의 아동을 대상으로 미술관 테라피가 진행되었다. 허리케인 때문에 집과 학교가 없어진 아이들이 미술관을 방문하여 미술치료사와 함께 그림을 그리며 마음의 아픔을 달랬다.

뉴욕의 퀸즈 미술관에서는 1983년부터 '플리즈 터치Please Touch'라는 프로그램을 통해 시각장애 아동에게 미술 경험을 제공하고 있다. 이후 청각장애와 발달장애 등 다양한 장애가 있는 아동과 장기입원 환자, 이차 외상환자, 노숙자 같은 성인에게도 '아트액세스ArtAccess'4라는 프로그램을 통해 미술관 관람 기회를 적극적으로 제공한다.

3 museum therapy는 박물관 테라피라고 하기보다는 미술관 테라피라고 하는 편이 더 적합하다. 미술관을 부르는 영어 명칭이 art museum이다. 연구의 내용을 살펴보면, 유물을 전시한 뮤지엄에 간 것이 아니라 동시대 회화를 비롯한 미술작품이 전시된 아트 뮤지엄에 간 것이므로 우리말로 바꿀 때에는 미술관 테라피라고 해야 그 의미를 잘 전달할 수 있다.
4 Art Access라고 띄어 쓰지 않고 붙여서 사용하는 고유명사다.

미술관 테라피를 했을 때, 참가자들의 자존감과 사회적 상호작용이 향상되었고 질병을 앓고 있던 환자들의 경우에는 병을 대하는 대처방식이 좋아졌다. 치매 노인들의 정서가 긍정적으로 변화했고 인지 기능도 호전되었다. 성인들은 자신의 마음이 위로받고 재충전되는 기회였다고 보고했다. 이처럼 예술을 가까이에서 경험하는 것은 우리 마음 안에 있는 사랑의 샘을 채우고 그 샘물을 마시는 시간이 된다.

4
배움과 행복

역사를 살펴보면 대략 15세기까지도 전 세계적으로 문맹률이 매우 높았다. 책을 만드는 것이 쉽지 않았고 제작 비용이 너무 많이 들었기 때문이다. 서양에서는 15세기 중반에 금속 활자 인쇄술이 발명된 이후에 책의 대량 생산이 가능해졌고 일반인들도 책을 읽는 기회가 증가했다. 유럽의 경우 종교 개혁 이후에 일반인들도 성경을 읽을 수 있게 된 점이 문해율[5] 상승에 기여했다. 산업혁명도 문해율을 높이는 계기가 되었다. 아시아에서 귀족이 아닌 일반 대중의 문해율이 올라가기 시작한 것은 근대화가 진행되던 19세기로 추정한다. 100~200년 전에 태어났으면 책 한 권 읽지 못하고 살았을 수도 있다. 현재는 아프리카와 서남아시아 일부 나라를 제외하면 대다수 나라의 문해율이 90% 이상이다.

5 문해율: 글을 읽고 이해하는 비율.

정치적이거나 경제적인 이유로 배움이 가로막힌 역사는 기원전에도 찾아볼 수 있다. 분서갱유焚書坑儒가 대표적인 사건인데, 기원전 213년~212년 사이에 중국의 진시황제가 자신의 권력을 강화하기 위해 책을 모두 불태웠다. 그의 관점에서 학문이란 자신의 통치와 정책에 대해 논란을 일으키는 원인에 불과했던 것이다. 불타는 책을 바라보던 사람들의 마음이 어땠을까. 책이 얼마나 귀하던 시대인데….

배움의 자세

배움이 행복의 여정이 되기 위해서는 배움을 대하는 자세가 중요하다. 자신이 배움을 선택했음을 분명하게 인식하고 그렇게 선택할 수 있는 시대 환경에 감사할 수 있어야 한다. 학생들이 중고등학교 시기에 공부하는 것이 즐겁지 않다고 느낀다면, 그것은 자기 선택이 아니라서 그렇다. 어린아이들도 선택권이 주어지면 기꺼이 공부하고 싶어 한다. 대개는 선택할 기회가 없으니 좋아하기보다는 의무로 여기게 된다. 공부를 의무가 아닌 '권리'라고 인식하기는 쉽지 않다. 어떻게 하면 배움이 특별한 권리라는 것을 깨달을 수 있을까?

몇백 년 전만 하더라도, 배움의 기회가 모두에게 주어지지 않았다. 지금도 여전히 경제적으로 어려운 나라에서는 배울 수 있는 사람은 소수다. 그런 곳에서는 나이가 어리더라도 하루 종일 먹고살기 위해 노동을 해야 한다. 멀리서 물을 길어온다든가, 뙤약볕 아래에서 농사일을 한다든가. 하지만, 이러한 비교가 마음에 와닿지 않는 건인지상정이다. 그리고 비교를 통한 행복은 진짜 행복이 아니다.

사실, 새로운 것을 알아가는 것은 엄청난 즐거움이다. 어린아이들을 보라. 자기 주변의 환경을 탐색하면서 얼마나 즐거워하는지. 한글 자모음을 알아가면서 기뻐하며 웃는 표정을 보라. 공부하는 것은 즐겁다.

배움이 즐겁지 않은 사람은 자신이 원하는 배움을 찾지 못했거나 배움을 향한 갈망이 꽃 피는 시기가 다를 수 있다. 혹은 배움에서 선생님과의 인연이 좋지 않은 경우도 있다. 세상사에 인연이 빠질 수는 없으니, 배움에도 인연이 닿아야 할 것이다. 하지만 어떤 이유에서든, 자신이 꿈꾸던 인연이 잘 이뤄지지 않을 수도 있다. 그럴 때에는 나쁜 인연도 끝이 있다는 것을 기억하고 그 인연에서 빠져나와야 한다. 그런 다음, 자신이 걸어갈 길을 가면 된다. 이때 자기주도학습이라는 개념이 도움이 될 수 있다. 자기주도학습은 말 그대로, 자기가 스스로 무엇을 배우고 무엇을 익힐지에 대해 결정하고 관리해 나가는 학습 방법이다.

배움의 과정 즐기기

좋아하는 것을 선택해서 공부를 시작해도 그 과정은 하루하루의 일상일 뿐이다. 특별하게 재미난 느낌이 들지 않을 수 있다. 어쩌면 지루할 수도 있고, 힘들 수도 있다. 그 상태를 견뎌내는 시간도 필요하다. 우리가 행복이라고 부르는 것은 평범한 일상의 시간을 모두 합친

말일 것이다. 특별히 행복하다고 느낀 순간도 포함하지만, 별다른 감흥이 없는 시간까지도 포함한다. 마치, 파란색 하늘과 붉게 노을 지는 하늘, 회색빛 비구름이 낀 하늘을 총칭해서 하늘색이라고 부르는 것처럼 말이다.

배움의 과정이 어렵게 느껴지는 시기에는 한 번씩 시야를 돌려보는 게 좋다. 눈앞의 어려움에 초점을 맞추기보다는, 멀리 목표를 바라보는 것이다. 공부할 때 목표 설정은 중요하다. 다만, 목표가 과정을 압도하면 행복에 방해가 된다. 무슨 말이냐 하면, 공부를 해서 얻을 성취 결과에만 너무 매달리다 보면 긴 과정에 걸쳐 하는 경험을 한낱 목표 성취를 위한 도구 정도로 치부해 버린다. 그럴 경우에 목표를 달성하기까지 행복을 유예하는 셈이다. 추가로 슬픈 사실은, 목표를 성취하더라도 그 기쁨이 행복으로 오래오래 발휘되지 못한다는 것이다.

성취로 인한 행복은, 달성했다는 안도감과 해냈다는 자부심, 칭찬받거나 자랑하고 싶은 욕구 등으로 구성되어 있다. 안도감은 이내 그 다음번 목표가 생기면서 긴장으로 바뀌며, 자부심 역시 계속해서 성취를 보여줘야 한다는 압박감으로 바뀔 것이다. 칭찬은 기대만큼 받지 못할 경우에 섭섭함을 안겨주고, 자랑은 받아주는 사람이 없으면 외롭거나 화가 난다. 결국, 성취로 인한 행복은 짧다.

그러므로 자신이 목표로 잡은 것을 이루기까지 그 과정에서 배움 자체의 즐거움을 누려야 한다. 간단한 예를 보자. 시험을 앞둔 학생이 '시험을 잘 봐서 좋은 학점을 받겠어.'라는 목표를 잡았다. 최종적으로 목표를 충족해야 한다. 하지만 그 과정에서 행복을 느낄 순간을 놓치지 말아야 한다. 자신이 알고 싶어서 시작한 공부인데, 그것을 알아가는 즐거움이 얼마나 크겠는가. 몰랐던 것을 아는 것만 한 재미는 없다. 시험 덕분에 불분명했던 것을 분명하게 정리하고 알게 되는 효과를 누린다. 밤늦게까지 공부했다면, '와, 내가 새벽 1시까지 시험공부를 하다니 난 진짜 멋진 사람이야.'라고 느낄 수도 있다. 뿌듯함의 시간들이 밤하늘의 반짝이는 별들처럼 알알이 박혀서 마음을 빛낼 수 있다. 다른 사람이 알아주든 아니든 상관없이 우리 마음 안의 별이 그렇게 빛난다.

학습의 깊은 순간

공부하다가 그 과정에 깊이 몰두해서 주변 상황조차 잊어버릴 때가 있다. 공부하는 내용과 물아일체가 되는 것이다. 온 마음을 다해서 공부 내용에 푹 빠진 상태이다. 밥 먹는 것도 잊어버리고, 주변이 시끄러워도 상관없다. 이러한 상태를 '몰입^{flow}'이라고 한다. 칙센트미하이가 제시한 개념인데, 몰입은 그 자체가 보상이 되는 경험에 열중하는 상태를 말한다. 즉, 그것을 해서 돈을 많이 벌거나 무엇을 얻거나 하는 이유 때문이 아니라, 그것 자체 때문에 하는 것이다. 몰입하는 대상을 그 자체로 이미 좋아하기 때문에, 경험과 온전히 하나가 되고 최상의 경험을 하는 동시에 최고의 수행을 하게 된다.

충분히 몰입하기 위해서는 공부하는 내용이 너무 어렵거나 너무 쉬우면 안 되고, 수준이 적절해야 한다. 자신이 해낼 수 있는 능력을

폴 세뤼시에Paul Sérusier, 〈강둑의 소년들Boys on a river bank〉(1906)

이 작품은 그림 속 아이들도 몰입을 하고, 그림을 그린 화가도 몰입을 했다. 아이들은 강둑에서 수영을 하며 시간 가는 줄을 몰랐을 것이다. 폴 세뤼시에는 젊은 시절 위대한 화가 고갱을 만나 색채와 구성에 대한 새로운 아이디어를 얻었다. 형태를 매우 단순하게 만들고 선을 강조하면서 색은 대담하게 사용하는 생테티즘synthetism을 열렬히 받아들여서 이 그림을 완성하였다.

기준으로 도전이 되는 정도라야 알맞다. 만약 능력에 비해 너무 어려운 공부라면 불안을 느끼게 되고, 너무 쉬운 공부라면 지루함을 느끼게 된다.

평생학습

살면서 호기심과 모험심이 줄어들지 않는 것은 멋진 일이다. 새로운 것을 배우고 새로운 것에 도전하는 것은 청년의 심장을 가졌다는 말과 같다. 학습 과정에는 개인적인 발전을 위한 것도 있고 직업적인 발전을 위한 것도 있다.

때로 시련도 특권이 될 수 있다. 시련을 자청해서 겪는 사람은 없지만, 우여곡절 끝에 만나게 된 시련을 자신이 단단하게 성장하는 기회로 바꾼 사람들의 이야기는 많다. 공부 역시 마찬가지다. 공부를 하다 보면 거의 필연적으로 시련을 만난다. 그 경험의 결과가 삶에 플러스 방향이 되게끔 만드는 것은 우리 몫이다.

나는 1997년에 미술치료 유학을 떠났다. 미술치료 대학원에 입학하기 위해서는 학부의 실기학점이 필요했다. 90년대 말만 하더라도, 국내 대학에서는 미대생이 아니면 미술 수업을 수강할 수 없었다. 그래서 유학을 갈 때 조건부 입학을 허가받았고, 대학원 수업과 병행해서 학부 미술 실기 수업을 들었다. 내가 다니던 학교는 학비가 다소 비싼 편이어서, 학비가 저렴한 커뮤니티 칼리지에 가서 유화 수업을 신청했다. 커뮤니티 칼리지는 실용적인 학문을 위주로 가르치는 2년제 대학인데, 지역주민을 위한 평생교육원 같은 곳이다. 내가 참여한 수업에도 다양한 연령대의 학생들이 있었는데, 특히 기억에 남는 분은 자신이 여든 넘어서 그림을 처음 그려본다며 환하게 웃으시던 할아버지였다. 유화수업이어서 학생들은 각자 캔버스를 가져와서 자유롭게 그림을 그리는 분위기였다. 할아버지는 꽤 큰 캔버스를 가져왔는데, 아마도 30호쯤 되는 크기였던 것 같다. (30호는 풍경형 캔버스를 기준으로 가로 90cm, 세로 65cm다.) 교수님은 우리에게 선과 색을 느끼면서 추상적인 표현을 해보라고 했다. 할아버지는 노란색으로 그 넓은 캔버스를 가득 채우면서 매우 즐거워했다. 내가 앉은 자리에서 할아버지 캔버스가 잘 보였기 때문에 나는 시작할 때부터 끝날 때까지 꾸준한 감상자가 되었더랬다. 할아버지 그림은 뭐랄까, 어린아이 그림처럼 투박하고 거칠었지만 기분 좋은 놀이의 느낌이 가득했다. 나도 나이 들어서 새로운 것을 시작할 때 그 할아버지의 마음을 닮을 수 있으면 좋겠다 싶었다.

지속가능한 행복

언젠가 충북 금산에 간 적이 있다. 그곳에서 은행나무를 봤는데, 추정 나이는 1,000살 정도, 높이 24m에 둘레 길이가 12.93m나 되는 커다란 나무였다. 이토록 큰 나무가 되기까지 자라는 데는 오랜 시간이 걸리지만, 산불이 나거나 베어내 훼손하는 것은 일순간이다. 소중하게 지키고 가꿔 나가야 하는 것은 비단 우리 외부의 환경만은 아닐 것이다. 마음의 상태를 건강하고 행복하게 만들었다면 그것을 잘 지켜나가야 한다.

지속된다는 것은 무엇일까. 행복을 어떻게 지속해나갈 수 있을까.

지속가능성의 개념

'지속가능성'은 1987년 세계 환경 개발 위원회에서 나온 개념이다. 20세기 중후반, 무한한 경제 성장이 실현불가능한 것이라는 각성과 함께 자원의 고갈, 환경 오염 문제가 대두되었다. 이러한 문제를 해결하기 위해 해야 할 내용을 담고 있는 것이 바로 지속가능성이라는 개념이다. 지속가능성의 핵심은 현재의 필요를 충족하면서 미래 세대도 자신들의 필요를 충족시킬 수 있도록 균형을 잡는 것으로, 환경과 경제, 사회, 3개 영역에서 지속가능하도록 해야 한다.

이러한 개념을 행복에 적용하면, 한 사람의 행복에서 범위를 넓혀 다른 사람과 지역사회, 현 세대와 미래 세대에까지 이르러 함께 행복해지는 것을 지속가능한 행복이라고 할 수 있다. 사회적인 측면에서는 건강하고 행복한 대인관계와 지속적인 교육기회의 제공, 환경적 측면에서는 자연과 인간을 보호하고 건강하고 행복한 생태계가 유지되도록 하는 것, 경제적인 측면에서는 공정하고 효율적인 경제 활동을 추구하고 행복한 직장생활을 하도록 노력하는 것 등이 포함된다.

이처럼, 지속가능한 행복을 위해 몇 가지를 더 고려해보자.

지속가능한 행복의 길

첫째, 방향에 대해 잊지 않고 점검하는 것이다. 자신이 걷는 인생길의 방향이 자신의 바람과 동일하게 잘 설정되었는지, 이 방향으로 가는 것이 자신이 진정으로 원하는 것인지 한 번씩 점검한다. 처음에 목표 설정을 잘했다 하더라도 중간 점검은 필요하다. 때로 방향이 흐릿하게 느껴지거나 확신이 들지 않는다면, 10년 뒤의 자기 자신(혹은 훨씬 더 나이가 많이 든 자신)과 대화한다고 상상해보는 것도 도움이 된다.

둘째, 초조해하거나 의심하지 않는 것이다. '잘 안되지 않을까?'라고 계속해서 묻고 또 묻는다면, 될 일도 결국 안 된다. 우리 삶은 결과를 보장받고 뭔가를 하도록 설계되어 있지는 않다. 확실해 보이는 것도 지나고 나면 확실한 것이 아니었을 수 있다. 그러므로 100% 보장받아야만 안심이 된다는 마음을 접어두자.

나는 사이버대학교에서 일하면서 다양한 연령대의 학생들을 가르쳤다. 종종 들은 질문 중 하나는 '선생님, 제 나이가 벌써 이만큼 많은데요, 새로운 것을 시도해 봐도 될까요? 지금 공부를 시작해도 될까요?'였다. 나이는 숫자에 불과하기도 하지만, 뭔가를 하기에 적합한 연령이라는 게 있을지도 모른다. 지금 자신이 당면한 상황에서 연령의 의미와 영향력이 어느 만큼 될지를 누가 결정하는가? 바로 자신이다. 다소 늦게 시작한다는 것을 인정하면 오히려 여유를 가질 수도 있지 않을까? 나이 때문에 뭔가를 제한받을 필요는 없다. 그것이 한계점이라 하더라도 그냥 주어진 조건으로 인정하고 그 부분을 '상수'로 두고 출발하자. '변수'는 내가 바라보는 삶의 방향과 의지가 될 테니 말이다. 이 책의 시작 부분에서 언급했지만 상수와 변수를 다시 정리하면 이렇게도 쓸 수 있다.

- 나이는 상수(적어도 올해는 바뀌지 않는다.). 새로운 시작은 변수.
- 타고난 조건은 상수. 내가 발휘할 의지는 변수.
- 내 영역 밖에 속하는 타인은 상수. 나는 변수.

셋째, 뭔가가 절대적으로 되어야 하거나 100%를 채워야 하는 것이 아니다. 행복은 어두운 방을 밝히는 촛불과 같은 역할을 한다. 촛불을 켜면, 그 주위는 밝지만 촛불 바로 아래는 어둡고 촛불에서 멀리 떨어진 부분도 어둡다. 우리는 밝은 부분을 바라본다. 어두운 부분도 있지만 밝은 부분을 충분히 누릴 수 있다. 원하는 곳이 밝지 않다면, 초를 그쪽으로 이동하면 된다.

넷째, 행복의 경험이 강렬할 수도 있지만, 은은하거나 소소한 경우도 많다. '미치도록 행복해.'라는 경험은 짜릿한 즐거움을 기반으로 한 것인데, 이러한 경험은 길게 지속되지 않고 자주 경험하기도 어렵다. 원래 강렬한 한 방은 지속시간이 짧고 아주 가끔 나타나기 때문이다. 은은한 행복은 넓게 퍼져 있어서 오래도록 지속된다. 소소한 것은 자주 경험할 수 있다.

강렬한 행복은 이벤트성 행복일 가능성이 높다. 오랫동안 혹은 간절히 바라던 바를 성취했을 경우다. 원하던 학교에 입학하거나 취업, 승진, 우승, 수상을 하는 등 주로 성공했을 때 강렬한 행복을 느낀다. 간혹 운이 좋아서 그런 경험을 할 수도 있다. 그런데 순전히 운에 기대어서 강렬한 행복을 누릴 확률은 희박하다.

다섯째, 한 개인의 행복은 다른 사람의 행복과 별개로 이루어지는 독립시행이다. 행복을 '성취'나 '재물'로만 한정 지으면 독립시행이 아니다. A가 우승하면 같은 대회에 나온 B는 우승할 수가 없고, C가 장사를 해서 돈을 많이 벌면 동일 업종에 종사하는 D는 그만큼 벌 수 없기 때문이다. 이건 제로섬 게임이다. 한쪽의 이익과 다른 쪽의 손실을 합치면 0이 된다는 뜻이다. 이기는 사람과 지는 사람이 있는 상황에서는 합쳐서 0이 되는 것이 맞다. 하지만 다행히 행복은 성취와 재물에 국한되지 않는다. 행복은 마음의 자세이며 정신적인 습관이다. 그래서 한 사람이 행복해진다고 해서 다른 사람의 행복이 줄어들지는 않는다. 사람마다 달성할 수 있는 행복에는 제한이 없다. 참된 행복은 들불 같은 것이어서 옆 사람에게 번질 수 있다. 행복한 사람 옆에 있으면 따스한 온기를 나눠 받을 수 있다.

여섯째, 행복은 고정적인 것과 변동적인 것이 있다. 고정적 행복 수준은 유전적 변인과 어린 시절 가정환경으로부터 비롯된다. 유전자와 초기 경험으로 결정된 행복은 어른이 된 이후에는 그 수준이 대체로 바뀌지 않을 것이다. 이처럼 고정된 행복 수준이 있는 반면, 변동하는 행복도 있다. 이것은 개인의 활동과 습관에서 비롯되는 행복이다. 좋은 습관을 만들어가면 행복의 수준이 더 좋아진다. 즉, 고정되어 있지 않고 변화한다.

일곱째, 모든 사람에게는 행복할 권리가 있다. 자신의 권리를 지켜나가는 것이 중요하다. 그러기 위해서는 자신이 행복할 자격이 있음을 인식해야 한다. 존재 자체로 가치가 있고 소중한 삶이다. 만약 우리 스스로 행복해질 자격이 없다고 생각한다면 그러한 생각이 가장 큰 장애물이다. 행복 추구는 모두에게 주어진 기본적인 삶의 방향이다.

행복해질 자격이 없다고 느껴지면 불행하게 만드는 일에 에너지를 낭비하게 된다. 어쩌면 그 사람도 잠시나마 행복을 경험할 때가 있었을 것이다. 그러나 그 순간을 부정하고 그러한 경험을 하찮게 여길 것이다. 만약 우리가 뭔가를 하찮게 여기면 그것은 정말로 하찮은 것이 된다. 세상에서 발생하는 모든 일을 하찮게 여기려고 들면 모든 것이 별 볼 일 없는 일이 되기 때문이다. 인간의 수명은 다른 동물에 비하면 대체로 길지만 지구 나이 45억 살에 비춰보면 찰나의 순간일 뿐이다. 그렇다고 하찮게 볼 것인가.

나는 개인적으로 따뜻한 날씨보다는 시원한 날씨를 좋아한다. 여름에서 가을로 계절이 바뀔 때 저녁의 시원한 바람에서 행복을 느낀다. 그래서 겨울 초입이 될 때까지 나는 창문을 열어두고 잠을 청한다. 서늘한 공기 속에서 이불을 덮고 잘 때 그렇게 행복할 수가 없다. 별것 아니라고 생각하면 정말 별것 아닌 시간이다. 하지만 찬 바람 부는 가을밤마다 매일 행복할 수 있는데 그것을 왜 하찮은 일로 여기겠는가.

여덟째, 생각과 감정, 행동이 있다면 이들이 번갈아 가면서 주인 노릇을 하도록 하라. 사람마다 삶의 방식에 패턴이 있는데, 생각 위주로 사는 사람이 있고, 감정 위주로 사는 사람이 있다. 나는 여기에 행복을 위한 옵션을 추가하려고 한다. 행동 위주로 사는 시간도 늘려 보자고 말이다.

아홉째, 행복할 때 취하는 표정이나 자세가 있다면, 그 표정과 자세를 틈틈이 연습한다. 대개 사람들은 자신의 상황이나 상태가 '아, 지금 이렇구나.'라고 판단한 뒤에 행복 또는 불행을 느끼고, 그에 맞추어서 표정이 변하거나 자세를 취한다. 이 순서를 거꾸로 해보는 것이다. 표정을 먼저 변화시켜서 (또는 자세를 먼저 바꿔서) 행복이나 불행을 느껴보고 자기 상황이나 상태에 대한 평가(혹은 재평가)를 하는 것이다. 의외로 이 방법은 효과가 좋다. 한번 해보면, 평상시의 자기 판단이 꽤 까다롭고 빡빡했음을 알게 된다.

열째, 자신을 아끼고 주변을 사랑한다. 행복을 향해서 마음을 열라. 의외로 많은 사람이 행복이라고 하면 약간 삐딱하게 보곤 한다. 왜 그렇게 행복을 삐딱하게 보는 걸까. 마치, 자신이 불행하기 때문에 다른 사람들의 행복에 대해서도 가치 절하하는 듯하다. 컵을 뒤집어 둔 채 빗물을 모을 수는 없다. 빗물을 모으려면 컵이 내리는 비를 향해 똑바로 놓여 있어야 한다. 행복도 마찬가지 아닐까. 행복을 향해서 마음을 열어야 한 방울씩 행복이 쌓일 수 있다. 마음을 여는 것은 다름이 아니라 자신을 아끼고 주변을 사랑하는 마음자세다.

행복이 존재하는 것인가? 신기루나 아지랑이 같은 것 아닌가 하는 회의적인 마음이 들 수도 있다. 그럴 때는 자신에게 도움이 되는

황매산 산불감시초소
～～～～～～～～～～～～～～～～～～～～～～～～～～
우리나라에서 가장 이쁜 산불감시초소 아닐까 싶다. 우리 행복을 지키는 초소도 각자의 마음에 아름답게 자리 잡기를 기원한다.

방향으로 생각을 정리하면 된다. 추상적인 개념은 존재하는지 여부를 증명하거나 논박하기보다는, 그 개념이 가리키는 곳을 주목해야 한다. 행복도 마찬가지다. 행복이라는 개념이 가리키는 마음의 상태를 바라봐야 하고, 그 마음 상태에 도달하고 유지해나가면 된다.

태양의 수명은 약 100억 년으로 추정된다고 한다. 태양도 수명이 있다는 얘기를 처음 들었을 때 참 놀라웠다. 지금 이글이글 타는 태양 덕분에 지구상의 모든 생물이 에너지를 얻는데, 그런 태양이 언젠가 수명이 다한다는 것 아닌가. 그렇지만 끝난다고 해서, 현재 순간이 아무것도 아닐 수는 없다. 오히려, 끝이 있기 때문에 지금이 빛나는 것은 아닐까.

우리 삶도 그러하다. 짧다면 짧고, 길다면 긴 인생을 살아가면서 소중하지 않은 순간은 없다. 나이가 들었거나 몸이 아프거나 어떤 부분이 부족하거나 마음에 들지 않거나 못난 면이 있다고 하더라도, 그 모든 것은 부분일 뿐이며 전체로서의 우리를 정의하지 않는다. 자신을 아끼고 주변을 사랑하자. 행복하게.

찾아보기

인명

ㄱ
가트먼, 존 29
간디, 마하트마 51, 116
공자 25, 116

ㄴ
노자 25
니체, 프리드리히 25

ㄷ
달라이 라마 49, 132
드니, 모리스 102
데시, 에드워드 94
데카르트 143
뒤마, 마를렌 217
두히그, 찰스 197
뒤셴, 기욤 150
디너, 에드 26-27, 37, 78

ㄹ
라이언, 리처드 94
랠리, 필리파 196
러셀, 버트런드 116
로트레크, 앙리 드 툴루즈 50, 83
류브미르스키, 소냐 29-30, 49
르누아르, 피에르 오귀스트 31, 50

ㅁ
모지스 할머니 218-219
미켈란젤로 217
밀, 존 스튜어트 24-25

ㅂ
바사노, 프란체스코 91
바이유튼, 펠릭스 117
반 고흐, 빈센트 71, 122-123, 141, 164, 214
발라동, 수잔 50
베르나르, 에밀 16, 202
베이컨, 프랜시스 50
베일런트, 조지 79
벤담, 제러미 24
브뤼헐, 피터르 41, 156
비버, 줄리언 220

ㅅ
새뮤얼슨, 폴 32
세네카 114
세뤼시에, 폴 228
셀리그먼, 마틴 27-28, 78, 167
스키너 197
시클롭스키, 빅토르 211

ㅇ
아리스토텔레스 22-23
아우구스투스 116
알머슨, 에바 129
에피쿠로스 22, 24
우드, 웬디 196
위니컷, 도널드 148
윌버, 켄 132
윌슨, 워너 26
이스터린, 리처드 32

ㅈ
전영근 205
지브란, 칼릴 148
칸트, 이마누엘 24

ㅊ

칙센트미하이, 미하이 28, 227

ㅋ

캔터, 에디 116

ㅍ

파블로프, 이반 197
푸코, 미셸 124
프리드리히, 카스파르 다비드 189
프랭클린, 벤저민 51, 116
피터슨, 크리스토퍼 167
핑크, 대니얼 96

ㅎ

호들러, 페르디낭 175

용어

ㄱ

감각 순응 43
거울 뉴런 205, 212-213
건강염려증 56-57
고전적 조건형성 197
꾸물거림 114-115
기저핵 196

ㄴ

낯설게 하기 105, 211
내재적 목표 93-94
녹색갈증 121
뇌 가소성 204

ㄷ

대담성 후회 96
뒤센 스마일 150-151

ㅁ

몰입 28, 95, 115, 227-228
무위자연 25
미술관 테라피 221-222

ㅂ

바이오필리아 121
분노 63-65, 72, 160, 171, 177
빅 파이브 165

ㅅ

사고중지기법 181-182
산림욕 188
삼림욕 188-189
상수 43-44, 87, 233-234
설정값 이론 26-27, 103

세계 행복 보고서 32-34
세로토닌 165-166
수동공격성 65
신체화 56-57

ㅇ
아나모르포시스 219-220
아파테이아 22, 24
아타락시아 22, 24
에코테라피 188, 209
영합게임 76
외재적 목표 93
워라밸 114-115
유대모니아 22-23
이상화 160, 171
이스터린 역설 32

ㅈ
자기결정이론 94
자기돌봄 149
자기 자비 203
자기충족적 예언 75, 179
정서적 안정성 165-166
제로섬 게임 76, 235
조작적 조건형성 197
주관적 안녕감 26-27
중용 23, 70, 72-73
지속가능성 232
지속가능한 행복 모델 27, 29, 49
집단 극화 69

ㅋ
쾌락 적응 104-105
쾌락 쳇바퀴 105

ㅍ
편집증 143
플로깅 126

ㅎ
향유 107, 110, 176, 211-212, 218
행복 경제학 30
헤도니아 23
헤테로토피아 124-125
호모 라보란스 89, 96
호모 소시알리스 78, 121
휘게 33
흑백논리 69-70

MBTI 성격유형 168
PERMA 모델 28
UN 세계 행복 보고서 32-34

일상 철학자를 위한 행복 수업

1판 1쇄 발행　2024년 9월 13일

지은이	주리애
펴낸이	한기호
책임편집	여문주
편　집	서정원, 박혜리, 송원빈, 이선진
마케팅	윤병일, 하미영
경영지원	김윤아
디자인	박소희

펴낸곳	(주)학교도서관저널
출판등록	제2009-000231호(2009년 10월 15일)
주　소	서울시 마포구 동교로12안길 14(서교동) 삼성빌딩 A동 3층
전　화	02-322-9677
팩　스	02-6918-0818
전자우편	slj9677@gmail.com
홈페이지	www.slj.co.kr
ISBN	978-89-6915-031-8　03180

ⓒ 주리애 2024

- 이 책은 저작권법에 따라 보호를 받는 저작물이므로 무단 전재와 무단 복제를 금합니다.
- 책값은 뒤표지에 적혀 있습니다.